# 성막형
# 기도학교

기도훈련학교 시리즈 2

# 성막형 기도학교

당신은 기도의 용사입니다!

이영훈 지음

CGW

# • 프롤로그 •

성막은 이스라엘 백성이 40년 동안 광야 생활을 할 때에 세워서 지니고 다니던 이동식 성소입니다. 하나님께서 그분의 백성들과 함께하시기 위해 친히 지으라고 명하신 성막은 단순한 예배 공간을 넘어, 하나님께서 우리 가운데 거하시고자 하는 뜻을 담고 있습니다. 성막형기도는 지성소, 번제단, 물두멍, 등대, 진설병, 향단, 언약궤, 속죄소로 이어지는 순서에 따라 기도할 때 지금 여기에서 우리와 함께하시는 하나님을 만나도록 인도합니다. 따라서 『성막형기도학교Tabernacle Prayer School』는 하나님의 임재를 체험하기 원하는 모든 성도를 위해 집필되었습니다. 또한 『성막형기도학교』는 성막기도에 대한 성경적 배경과 신학적 의미를 깊이 이해할 수 있도록 안내하며, 실제적인 체험과 실천 방법도 담아내었습니다.

성막 건축에 대한 기사를 다루는 출애굽기 25장에서 31장은 하나님께서 당신의 백성을 찾아오셔서 만나주시고, 함께 광야의 여정을 걸으시며 동행하시는 분임을 드러냅니다. 이스라엘을 먼저 찾아오신 하나님은 모세에게 먼저 말씀하셔서 성막을 짓게 하셨습니다. 성막은 사람이 원해서 짓는 것이 아니라 하나님께서 먼저 짓게 하신 것이요, 말씀으로 창조된 성소입니다출 25:1. 이는 하나님의 백성과 만나시고자 하는 하나님의 의지를 보여줍니다.

성막의 건축은 예물과 물품을 드리는 헌신으로 시작됩니다. 이는 하나님께 마음의 중심을 드리고, 시간을 드리고, 정성을 드리는 것과 같은 하나님을 만나기 위한 기본적인 마음가짐을 뜻합니다. 성막을 짓도록 하신 목적은 하나님께서 이스라엘 백성들 사이에 거하시기 위함입니다. 인류의 끊임없는 죄악으로 인해 하나님은 독생자 예수 그리스도로 하여금 말씀이 육신이 되어 우리 가운데 거하시게 하셨습니다요 1:14. 또한 성막은 바깥뜰, 성소, 지성소로 이어지는 성막의 구조와 성물은 우리가 하나님을 만나 하나님의 임재를 통해 하나님의 은혜를 누리고, 하나님께 영광을 돌리기 위한 자세에 대하여 일깨워 줍니다.

『성막형기도학교』는 이러한 하나님의 임재와 은혜를 깊이 체험할 수 있는 자리입니다. 그곳에서 우리는 하나님의 영광을 체험하고, 신앙의 중심을 다시 세울 수 있습니다. 이 시대에도 하나님은 우리 가운데 거하시기를 원하십니다. 우리의 삶 속에 성막이 세워지고, 그 임재 안에서 하나님의 뜻을 이루어가는 신앙의 여정이 되시길 소망합니다.

여의도순복음교회 담임목사

**이 영 훈**

# 교재 활용 방법

## 학습 목표

① 성경적 원리에 따라 성막형기도에 대한 내용을 기록하고 내면화합니다.
② 보혜사 성령의 도우심을 의지하며 지속적인 기도와 묵상을 통해 성막형기도의 태도를 갖춥니다.
③ 성막형기도의 성경적 원리를 깨닫고 삶 속에 적용합니다.
④ 소그룹 구성원과 함께 공부하고 교제함으로써 성막형기도의 영성을 통해 이 땅에 하나님 나라 공동체를 세워갑니다.
⑤ 성막형기도의 영성을 갖춘 하나님 나라의 일꾼이 됩니다.

## 내용 구성

《성막형기도학교》는 각 장마다 6개의 파트로 구성되어 있습니다.

| | | |
|---|---|---|
| 1<br>도입 예화 및 묵상 | 2<br>TPQ성막형기도지수 체크리스트 | 3<br>성경과의 만남 |
| 4<br>주제 강의 | 5<br>소그룹 워크숍 | 6<br>성막형 기도의 선포 |

## 활용 방법

### ① 도입 예화 및 묵상

도입 예화를 읽고 묵상해 보십시오. 각자 느낀 점을 자유롭게 기록해 봅시다. 그리고 묵상 질문을 통해 나에게 주신 깨달음과 감동을 나누어 봅시다.

### ② TPQ성막형기도지수 체크 리스트

각 장마다 성막형기도에 대한 5개의 체크 리스트 문항이 있습니다. 각 문항을 읽고 해당하는 곳에 체크한 후 그 점수를 합산해 보십시오.

### ③ 성경과의 만남

성막형기도와 관련한 해당 강의 주제와 관련한 성경 공부를 하는 시간입니다. 성경 본문을 읽고 자유롭게 묵상한 뒤, 교재가 제시하는 5가지 질문을 참고하여 한 번 더 본문을 묵상하고 답을 적어 봅니다. 이후 나에게 주시는 깨달음은 바를 나누어 보십시오.

# 교재 활용 방법

활용
방법

### ④ 주제 강의

성막형기도와 관련한 강의 주제를 공부합니다. 기도의 지성소, 번제단의 기도, 물두멍의 기도, 등대의 기도, 진설병의 기도, 향단의 기도, 언약궤의 기도, 속죄소의 기도에 대해 배웁니다. 내용과 더불어 각 문단에서 제시된 성경 구절을 찾아보고, 함께 묵상하며 연구하면 도움이 됩니다. 소단락마다 제시된 적용 질문에 대한 생각도 함께 나누어 봅시다.

### ⑤ 소그룹 워크숍

성막형기도에 대하여 해당 주제 강의에서 배운 내용을 소그룹에서 나누는 시간입니다. 강의를 통해 새롭게 알게 된 내용과 느낀 점을 구성원들과 함께 나누어 봅니다. 오늘의 과제를 성실히 수행하고 다음 시간에 점검하며, 함께 기도의 시간을 갖습니다.

활용 방법

## ⑥ 성막형기도의 선포

성막형기도와 연관된 말씀을 매주 암송하십시오. 각 장에서 배운 내용과 함께 깨달음을 자신의 말로 간결하게 정리하여 선포합니다. 이후 큰 소리로 교재 안의 성막형기도 선포문을 구성원들과 함께 외치고, 그날의 명언도 묵상합니다. 매주 주어진 그날 배운 말씀과 깨달음을 통해 한 주간 어떻게 믿음으로 살아야 할지 다짐하고 기록합니다.

이 교재에 따라 기도하며 실천하는 모든 분은 성막형기도의 은혜를 누리는 '기도의 사람'으로 변화되어 갈 것입니다. 성막의 기도 순서를 따라 하나님과 깊이 만나는 이 여정은 여러분의 삶에 영적인 전환점을 가져다줄 것입니다. 이제 《성막형기도학교》 입학 서약서를 작성하고 학습 여행learning journey을 떠나봅시다.

# 입학 서약서

**나는《성막형기도학교》훈련생으로서**
**하나님 앞에서 다음과 같이 서약하기 원합니다.**

1. 나는 성막의 기도 여정을 따라가며, 부정적인 생각을 버리고 절대긍정의 시선으로 하나님의 임재를 사모하겠습니다.

2. 나는 모든 강의와 실습에 성실히 임하며, 각 기도의 단계를 삶에 적용해 나가겠습니다.

3. 나는 성막형기도지수TPQ 체크 리스트를 정직하게 작성하며, 나의 영적 여정을 객관적으로 성찰하겠습니다.

4. 나는 이 교재에 나타난 성경 말씀을 묵상하며, 성막 각 기구를 통한 기도의 의미와 하나님의 임재를 깊이 되새기겠습니다.

5. 나는 주어진 과제와 말씀 암송을 성실히 수행하며, 기도 훈련의 흐름을 따라가겠습니다.

6. 나는 함께 기도하는 훈련생들과 믿음으로 교제하며, 서로를 격려하는 긍정 공동체를 만들어가겠습니다.

7. 나는《성막형기도학교》를 통해 하나님의 임재로 이끄는 '기도의 인도자'이자 '기도의 용사'로 세워져 주님의 뜻을 따르며 살겠습니다.

년 월 일

이름 : (인)

Contents

프롤로그 _ 04

교재 활용법 _ 06

입학 서약서 _ 10

**01** 기도의 지성소 : 성막형기도의 중요성 14

**02** 번제단의 기도 : 보혈의 은혜 28

**03** 물두멍의 기도 : 죄의 성결 42

**04** 등대의 기도 : 성령의 임재 54

**05** 진설병의 기도 : 말씀의 능력 68

**06** 향단의 기도 : 경배와 감사 82

**07** 언약궤의 기도 : 예수님의 기도 96

**08** 속죄소의 기도 : 간구의 기도 110

# Tabernacle I

01

# 기도의 지성소: 성막형기도의 중요성

rayer School

# 01 기도의 지성소 : 성막형기도의 중요성

『주는 나의 피난처』라는 책을 쓴 코리 텐 붐Corrie ten Boom 여사는 제2차 세계대전 당시 나치 수용소에서 자신을 구해 주신 하나님의 은혜를 깨닫고 복음을 전하는 선교사로 헌신했습니다. 한 번은 코리 텐 붐 여사가 복음을 전하기 위해 가방에 성경을 가득 채워서 구 소련으로 가는 비행기를 탔습니다. 당시 소련은 공산 국가였기 때문에 성경은 모두 압수당할 수밖에 없었지만, 소련의 세관원은 코리 텐 붐 여사의 가방을 검사하지도 않고 오히려 짐을 들어주기까지 하는 기적을 체험했습니다.

소련에서 선교 사역을 하던 코리 텐 붐 여사가 성도들과 숨어서 예배를 드리려고 하는데 군인 2명이 총부리를 겨누며 이렇게 소리를 질렀습니다. "5분의 시간을 주겠다. 예수를 버리고 살고 싶은 사람은 5분 이내로 예배당을 나가라!" 그 말을 들은 많은 성도들이 밖으로 도망을 갔고, 소수의 성도들만 남아 끝까지 예수님을 부인하지 않고 영광스러운 순교를 감당할 수 있게 해달라고 기도했습니다. 이후 군인들이 들어와 예배당 문을 걸어 잠그고는 총을 바닥에 내려놓은 후 조용히 말했습니다. "형제들이여, 우리 두 사람은 그리스도인입니다. 우리는 주님을 위해 죽을 각오가 되어 있는 소수의 참된 성도들과 함께 진정한 예배를 드리고 싶어 이곳에 온 것입니다." 믿음의 기도가 진정한 예배를 가능케 한 것입니다.

**묵상** 코리 텐 붐 여사의 순교적 예배와 사역이 가능한 비결은 무엇인지 묵상해 봅시다.

성막형기도지수
체크 리스트

# Tabernacle Prayer Quotient Check List

## 당신의 성막형기도지수TPQ는?

아래의 문항을 읽고 나에게 해당하는 것을 체크해 보세요. ☑

① 성막형기도의 신앙적 의미를 이해한다.

② 성막형기도를 통해 삶의 의미를 발견할 수 있음을 믿는다.

③ 성막형기도의 과정 가운데 하나님의 보호하심을 믿는다.

④ 성막형기도를 통해서 예수 그리스도의 구원의 은혜를 확신한다.

⑤ 성막형기도를 통해서 성령님과 동행하는 삶을 산다.

**나에게 해당하는 문항은 몇 개인가요? ______ 개**

체크하지 못한 문항의 내용을 다시 점검하고,
앞으로 이를 적용할 수 있는 방법을 생각해 봅시다.

## 성경과의 만남

출애굽기 26장 31절에서 37절까지 읽어보십시오.

31 너는 청색 자색 홍색 실과 가늘게 꼰 베 실로 짜서 휘장을 만들고 그 위에 그룹들을 정
교하게 수 놓아서 32 금 갈고리를 네 기둥 위에 늘어뜨리되 그 네 기둥을 조각목으로 만
들고 금으로 싸서 네 은 받침 위에 둘지며 33 그 휘장을 갈고리 아래에 늘어뜨린 후에 증
거궤를 그 휘장 안에 들여놓으라 그 휘장이 너희를 위하여 성소와 지성소를 구분하리라
34 너는 지성소에 있는 증거궤 위에 속죄소를 두고 35 그 휘장 바깥 북쪽에 상을 놓고 남
쪽에 등잔대를 놓아 상과 마주하게 할지며 36 청색 자색 홍색 실과 가늘게 꼰 베 실로 수
놓아 짜서 성막 문을 위하여 휘장을 만들고 37 그 휘장 문을 위하여 기둥 다섯을 조각목
으로 만들어 금으로 싸고 그 갈고리도 금으로 만들지며 또 그 기둥을 위하여 받침 다섯
개를 놋으로 부어 만들지니라

1. 휘장 위에 수놓은 그룹은 어떤 역할을 의미합니까? 31절

2. 예수께서 자기 육체를 성전으로 말씀하신 것요 2:21을 통해 조명 되는 성소의 의미는 무엇입니까? 16절

3. 성소와 지성소를 구분하는 이유는 무엇일까요? 33절

4. 지성소를 마련하도록 하신 하나님의 뜻은 무엇일까요? 33-37절

5. 사복음서마 27:51; 막 15:38; 눅 23:45에서 휘장이 찢긴 것이 뜻하는 바는 무엇입니까? 31-33절

# 기도의 지성소 : 성막형기도의 중요성

성막은 하나님께서 이스라엘 백성에게 보여주신 임재의 상징이었습니다. 성막형기도는 하나님의 백성이 전능하신 하나님 앞에서 죄인인 자신을 돌아보며, 전적으로 하나님의 은혜 안에서 살겠다는 마음을 시인하는 것입니다. 이는 전능하시고, 전지하시며, 영원불변하신 하나님을 경험하고, 하나님을 신뢰하며 하나님께서 인도하시는 대로 살아가도록 함으로써 하나님께서 우리의 삶에 대하여 품고 계시는 놀라운 계획을 이루는 초석이 됩니다. 또한 성막형기도는 하나님의 임재와 능력이 우리 삶 가운데 임하는 통로이기도 합니다. 하지만 지나치게 성막에 대한 풍유적 해석에 치우친다면 성막의 참된 의미를 놓칠 수 있기 때문에 성경 본문을 중심으로 이를 조명하는 것이 필요합니다.

## 1. 성막의 명칭과 성격

### 1) 성막미쉬칸, מִשְׁכָּן

성막은 하나님께서 구성을 기획하신 신적 건축물이자, 설계도를 부여하신 성전의 전신입니다대상 28:11-12. 이는 출애굽한 이스라엘 백성이 400여 년 동안 광야에서 예배의 장소로 사용했던 곳으로 출애굽기, 레위기, 민수기, 신명기, 히브리서 등 성경 전체에 걸쳐 50여 장에 기록되어 있습니다. 성막은 히브리어로 '미쉬칸' 즉 '거처'를 뜻하는데, 이는 '하나님께서 죄인과 함께 거하신다'는 의미를 갖습니다. 성막이란 성막 뜰까지 포함하는 복

합적 공간입니다출 27:21, 38:21; 민 1:49-52. 모세에게 주신 "너는 성막을 만들되" 출 26:1로 시작하는 하나님의 명령은 에덴동산에서 쫓겨난 아담으로부터 시작된 죄인인 인간과 하나님과의 단절을 회복하기 위한 것입니다. 이후 말씀이 육신이 되어 우리 안에 거하신 예수님으로 인해요 1:14 우리는 궁극적인 하나님과의 화해와 회복을 경험하게 되었습니다.

### 2) 회막오헬 모에트, אֹהֶל מוֹעֵד

성막은 '하나님께서 죄인을 만나주신다'는 의미로서 히브리어 '오헬 모에트' 즉 회막으로도 기록되었습니다. 이는 항상 성막 자체만을 지칭하는데, "아론과 그 아들들로 회막 안 증거궤 앞 휘장 밖에서 저녁부터 아침까지 항상 여호와야훼 앞에 그 등불을 보살피게 하라"출 27:21는 말씀에서 회막은 하나님과의 만남의 장소를 뜻합니다. 광야에서 이스라엘 백성들은 열두 지파가 회막을 에워싸는 진영을 펼쳤고, 항상 회막을 중심으로 행군하고 야영했습니다. 그들은 회막을 통해 하나님을 만났고, 회막을 중심으로 서로 만났습니다. 결국 회막은 광야의 삶을 살던 고달픈 이스라엘 백성들에게 만남의 광장 역할을 수행했던 것입니다.

### 3) 장막오헬, אֹהֶל

성막은 단순히 성막 전면에 있는 바깥쪽 덮개를 의미하는 '장막'으로 불리기도 했습니다. 이는 히브리어로 '오헬'인데, 그 덮개는 염소 털로 만든 12개의 커튼으로 이루어져 있습니다. 이처럼 단순히 천막의 기능에 초점을 맞춘 개념인 장막은 여호와야훼의 성막레 17:4, 여호와야훼의 성소민 19:20, 하나님의 집삿 18:31, 여호와야훼의 집삼상 1:7, 여호와야훼의 전삼상 1:9 등의 다양한 명칭으로 불렸습니다. 예수 그리스도께서 십자가 위에서 우리의 죄를 다 덮어주시고, 인류의 구속을 이루셨습니다.

Q 예수님께서 자신이 바로 성전이라고 선언하신(요 2:13-22) 이유가 무엇인지 묵상해 봅시다.

## 2. 성막의 구분

### 1) 성막 전체

성막의 전체 규모는 동서로 길게 100규빗, 남북으로 짧게 50규빗으로 이루어진 뜰의 크기로 대변됩니다출 27:9-19. 1규빗은 팔꿈치에서 가운데 손가락 끝에 이르는 거리이므로 약 45cm로 추정합니다. 성막은 동서의 가로로 약 22.5m, 남북의 세로로 약 11.25m의 규모로 이루어져 있습니다. 이는 단순한 건축 수치가 아니라, 이스라엘 백성들의 공동체 중심에 자리 잡았던 하나님의 임재의 상징적 공간이라는 점에서 매우 중요하게 여겨졌습니다. 또한 성막 뜰의 입구는 반드시 동쪽을 향하는데, 이는 언약궤 위에 임재하시는 하나님이 해 뜨는 방향을 정면으로 응시하시는 구도를 이루기 위함입니다.

### 2) 성소

성소는 벽으로 구분된 두 공간, 즉 내성소와 지성소로 나뉩니다. 내성소는 가로 20규빗약 9미터, 세로 10규빗약 4.5미터의 규모이며, 그 왼편에 위치한 지성소는 가로와 세로 각각 10규빗약 4.5미터의 정사각형 구조로 되어 있었습니다. 성소를 통해서 하나님은 하나님 백성들의 삶 속에서 생생한 하나님의 구원 역사를 시청각적으로 보여주셨습니다. 성소의 건축이 끝난 이후 하나님은 이스라엘 백성들에게 구름을 보내셔서 구름으로 성막을 덮게 하시며 하나님의 임재를 보여주시고, 인도하심과 보호를 선언하셨습니다. 성소가 본질적으로 표상하는 것은 예수 그리스도이며, 은혜와 진리가 충만하신 그리스도는 우리 안에 거하시며 성소를 통한 모든 은혜를 우리에게 부어주십니다요 1:14.

### 3) 지성소

지극히 거룩한 장소를 뜻하는 지성소는 성소의 가장 안쪽에 있는 방입니다. 성소와 지성소를 가로막는 휘장을 열고 들어가면 지성소가 있고 그 안에는 하나님의 영광이 가득차 있었습니다. 휘장은 예수 그리스도의 육체를 상징하는데, 예수께서 십자가에 달려 죽으신 그 순간 성소의 휘장이 한가운데가 찢어진 것은마 27:50-51; 눅 23:45 예수님의 육체가 인류의 죄를 대속하기 위해 찢겨진 것을 의미합니다. 지성소는 하나님께서 임재하시는 지극히 거룩한 장소로서 속죄를 상징했습니다레 16:2; 히 9:1-10. 예수 그리스도의 십자가 죽음으로 성소와 지성소를 막는 휘장이 찢어지며 사라지게 되었고, 그리스도를 믿는 모든 인류가 왕 같은 제사장이 되어 담대히 하나님 앞에 나아갈 수 있는 길이 열리게 되었습니다.

---

**Q** 휘장이 찢어진 방향으로 볼 때에 휘장은 누가, 왜 찢은 것일까요? (마 27:51; 눅 23:45)

## 3. 성막형기도의 중요성

### 1) 하나님의 임재

성막은 가난한 이스라엘 출애굽 백성들이 광야에서 지은 초라한 이동식 천막 예배당이었습니다. 이는 고대 근동의 대제국들이 자랑하는 거대한 규모의 신전들에 비하면 너무나 작고 볼품이 없었고, 성막의 예배를 위한 물품들 역시 화려하거나 웅장한 것이 아니라 광야의 이동 상황에 적합한 단순한 물품들이었습니다. 하지만 하나님은 크기도 작고 예배 용품도 단촐했던 이스라엘 백성들의 광야 천막 예배당에 영광의 불기둥과 구름기둥을 동반하여 임재하셨습니다. 오늘날 우리가 드리는 예배 역시 예배당의 규모와 시설이 아니라 영과 진리로 드리는 마음의 중심 가운데 하나님께서 임재하십니다요 4:24.

### 2) 예수 그리스도의 구속

성막은 예수님의 모형이요, 예수님은 성막의 원형입니다. 성막에서 이루어졌던 위대한 기능들이 예수 그리스도의 구속으로 말미암아 최종적으로 실현되고 완성되었습니다. 예수 그리스도께서 우리와 함께 거하시고미쉬칸, 십자가에서 우리의 죄를 사하셨으며, 우리를 만나 주셨습니다오헬 모테트. 예수님은 지금도 교회의 머리가 되셔서 당신의 몸 된 교회를 통해 만물 안에서 만물을 충만하게 하시는 이의 충만함으로 인도하십니다엡 1:22-23.

### 3) 성령의 도우심

우리는 그리스도 예수 안에서 서로 연결되어 주 안에서 성전이 되어 가고 성령 안에서 하나님께서 거하실 처소가 되기 위하여 그리스도 예수 안에서 함께 지어져 갑니다엡 2:21-22. 성령은 초대교회를 세우실 때에도 급하고 강한 바람 같은 소리로, 불의 혀처럼 갈라지는 것으로 각 사람 위에 임하셨습니다행 2:2-3.

---

**Q** 성경 본문을 참고하여 성막형기도의 중요성을 정리해 봅시다.
(출 40:34-38; 요 1:14; 엡 2:21-22; 행 2:2-3)

# TABERNACLE
# PRAYER SCHOOL

# 적용을 위한 다짐과 실천

① 지난 한 주간 동안 나에게 베푸신 하나님의 은혜에 대하여 나누어 봅시다.

② 지금까지 성막형기도의 중요성에 대해 공부했습니다. 오늘 공부에서 느끼고 깨달은 바를 함께 나누어 봅시다 sharing time.

③ 성막형기도의 능력이 나의 삶 속에서 나타나도록 하기 위해서 어떤 조치가 필요할까요?

④ 성막형기도 중에 내가 경험한 하나님의 은혜에는 어떤 것들이 있었는지 나누어 봅시다.

⑤ 성막형기도를 통해 하나님의 임재를 체험하는 것이 왜 중요한지 생각해 봅시다.

**오늘의 과제** 성막형기도의 의미와 목적에 대해 묵상하며 나의 생각을 글로 표현해 봅시다.

## 암송 구절

"그러므로 내가 너희에게 말하노니
무엇이든지 기도하고 구하는 것은 받은 줄로 믿으라
그리하면 너희에게 그대로 되리라"

마가복음 11:24

"Therefore I tell you, whatever you ask for in prayer,
believe that you have received it, and it will be yours."

Mark 11:24

## 성막형기도 선포문

나는 성막형기도를 통해
하나님께 더 가까이 나아갈 것입니다!

## 묵상 명언

모든 것을 하나님께 기도로 가져갈 수 있는 것은
놀라운 특권이다.

**제임스 허드슨 테일러** James Hudson Taylor

# Tabernacle I

02

# 번제단의 기도: 보혈의 은혜

rayer School

# 02 번제단의 기도 : 보혈의 은혜

인간의 피부는 외부 미생물을 막는 첫 번째 방어막입니다. 그러나 상처가 덧나 패혈증에 이르면 대부분 생명을 잃게 됩니다. 오스트리아의 시인 라이너 마리아 릴케Rainer Maria Rilke도 장미 가시에 찔린 상처가 감염되어 허무하게 세상을 떠났습니다. 하지만 전쟁터에서 군인들이 입는 부상은 장미 가시로 인한 상처와는 비교할 수 없을 정도로 심각합니다. 총알이나 포탄 파편, 총검 등으로 인해 피부가 찢기면 세균이 쉽게 침입해 감염으로 이어지기 때문입니다.

세균을 억제하거나 죽여 감염을 막는 항생제의 기원이 된 설파제sulfa drugs는 제1차 세계대전에 독일군 위생병으로 참전했던 게르하르트 도마크Gerhard Domagk에 의해 개발되었습니다. 전장에서 수많은 부상병들이 감염으로 목숨을 잃는 모습을 본 그는 세균을 이길 방법을 연구한 끝에 최초의 항생제인 설파제를 발명하였고, 그 공로로 1939년 노벨 생리의학상을 받았습니다. 또한 스코틀랜드 출신 세균학자 알렉산더 플레밍Alexander Fleming은 푸른곰팡이에서 생성되는 페니실린이 세균을 죽이는 효과가 있다는 사실을 발견했습니다. 페니실린은 제2차 세계대전 중 상용화되어 수많은 생명을 구했습니다.

예수 그리스도의 보혈은 오늘도 우리를 죄와 사망의 권세로부터 지켜주시며, 죄악의 감염으로부터 보호해 주십니다.

**묵상** 항생제가 감염을 막듯, 예수 그리스도의 보혈이 나를 어떤 '죄의 감염'으로부터 지켜주셨는지 묵상해 봅시다.

성막형기도지수
체크 리스트

# Tabernacle Prayer Quotient Check List

## 당신의 성막형기도지수TPQ는?

아래의 문항을 읽고 나에게 해당하는 것을 체크해 보세요. ☑

① 예수 그리스도의 이름으로 기도하는 번제단 기도를 통해 하나님께서 임재하심을 믿는다.

② 하나님께서 기뻐 받으시는 번제단 기도가 어떤 것인지 이해한다.

③ 하나님께 열납되는 번제단 기도의 유익을 체험한다.

④ 그리스도의 보혈을 근거로 기도하는 번제단 기도를 통해 좋으신 하나님의 은혜와 속성을 배우고 있다.

⑤ 번제단 기도의 삶을 통해 하나님의 은혜를 체험하고 있다.

**나에게 해당하는 문항은 몇 개인가요? _____ 개**

체크하지 못한 문항의 내용을 다시 점검하고,
앞으로 이를 적용할 수 있는 방법을 생각해 봅시다.

## 성경과의 만남

출애굽기 27장 1절에서 8절까지 읽어보십시오.

1 너는 조각목으로 길이가 다섯 규빗, 너비가 다섯 규빗의 제단을 만들되 네모 반듯하게
하며 높이는 삼 규빗으로 하고 2 그 네 모퉁이 위에 뿔을 만들되 그 뿔이 그것에 이어지
게 하고 그 제단을 놋으로 싸고 3 재를 담는 통과 부삽과 대야와 고기 갈고리와 불 옮기
는 그릇을 만들되 제단의 그릇을 다 놋으로 만들지며 4 제단을 위하여 놋으로 그물을 만
들고 그 위 네 모퉁이에 놋 고리 넷을 만들고 5 그물은 제단 주위 가장자리 아래 곧 제단
절반에 오르게 할지며 6 또 그 제단을 위하여 채를 만들되 조각목으로 만들고 놋으로 쌀
지며 7 제단 양쪽 고리에 그 채를 꿰어 제단을 메게 할지며 8 제단은 널판으로 속이 비게
만들되 산에서 네게 보인 대로 그들이 만들게 하라

1. 조각목의 특징은 무엇입니까? 1절

2. 번제단이 네모 반듯한 이유는 무엇일까요? 1절

3. 뿔이 의미하는 바는 무엇입니까? 2절

4. 번제단과 번제의 도구들은 왜 놋으로 만들어졌을까요? 2-6절

5. 번제단의 속이 비게 만든 이유는 무엇입니까? 8절

# 번제단의 기도 : 보혈의 은혜

성막형기도에서 번제단의 기도는 예수 그리스도 보혈의 은혜를 상징합니다. 제물을 드리는 이는 번제단에 바칠 제물에 손을 얹고 안수합니다레 1:2-4. 제물의 머리에 손을 얹는 순간 번제물을 드리는 자의 죄가 그 제물에 옮겨지고 번제물이 바쳐짐에 따라 죄사함을 얻어 하나님과 친밀한 관계를 회복하게 합니다. 번제단에서 끊임없이 이스라엘 백성들의 죄를 대신하는 번제물이 태워졌던 것처럼 우리의 죄 역시 사함을 얻어야 하나님과 동행하는 친밀한 관계를 맺을 수 있습니다. 예수님께서 단번에, 그리고 영원한 구속의 길을 여셨기 때문에 그리스도는 번제단의 완성이십니다히 9:28, 10:10.

## 1. 번제단의 구성

### 1) 번제단의 규모

번제단은 가로와 세로가 5규빗, 높이가 3규빗으로 되어 있습니다출 27:1. 높이가 3규빗, 즉 1.35m에 불과하다는 사실은 대제사장인 아론이 축복하고 내려온다는 성경적 묘사와 다소 어울리지 않습니다레 9:22. 제단에는 결코 층계가 허용되지 않았기 때문에출 20:26 유대 랍비들의 문헌인 『탈무드Talmud』는 실제로 번제단이 경사진 기단 위에 놓여 있었던 것으로 추정합니다.

### 2) 번제단의 모양

번제단은 조각목으로 만들어졌고, 불에 타지 않도록 두꺼운 놋판으로 덮여 있었습니다출 27:2. 이는 제물의 불길에 견딜 수 있도록 방화벽 역할을 했을 것으로 보입니다.

평소에는 제단 내부가 비어 있었으나출 27:8, 제물을 바칠 때는 흙을 채워 넣어 놋과 함께 이중의 방화벽을 형성했을 것입니다. 이동할 때에는 내부의 흙을 퍼내 무게를 줄였을 것으로 추정됩니다.

---

**Q** 구약의 5대 제사 중에서 제물의 전부를 태워서 하나님께 드리는 제사인 번제가 의미하는 바는 무엇입니까? (레 1:1-17)

## 2. 번제단의 재료와 부속물

### 1) 조각목

번제단의 재료로 사용된 조각목은 시나이반도의 사막에서 자라는 아카시아 나무의 일종입니다. 히브리어로는 '싯딤שִׁטִּים'이라 하며, 이는 단단하고 견고하여 광야에서도 잘 자라는 나무로 알려져 있습니다. 조각목은 외형상 볼품은 없지만, 내구성이 뛰어나고 단단하여 거의 부러지지 않는 특성을 가졌습니다. 또한 밝은 노랑이나 흰색의 꽃을 피우며, 그 향기는 향료의 원료로 사용될 만큼 깊고 그윽합니다.

이러한 특성 때문에, 조각목은 외형은 초라하나 강하고 견고한 나무로 고대 사회에서도 귀하게 여겨졌습니다. 성막을 짓던 당시에도 조각목은 단단하고 변형되지 않아 싸구려 잡목이 아닌, 값비싼 목재로 간주되었습니다. 고대 이집트에서는 파라오의 시신을 썩지 않게 보존하기 위해 조각목으로 관을 짜기도 했습니다. 이는 조각목이 오래 견디는 성질로 인해 영생불사의 상징으로 여겨졌기 때문입니다.

조각목은 외형은 보잘것없지만 실질적인 강인함과 향기를 지닌 나무로서, 인간의 육체를 입고 이 땅에 오셔서 고난을 당하신 예수 그리스도의 인성을 상징하기도 합니다사 53:1-6. 겉으로는 연약해 보이나 그 속에는 하나님의 구속과 은혜가 담긴 예수 그리스도를 예표하는 재료로서, 조각목은 성막 건축에 귀하게 사용되었습니다.

### 2) 놋

성경에서 놋은 하나님의 심판을 상징합니다. 출애굽한 이스라엘 백성들이 광야에서 하나님을 원망했을 때 하나님은 불뱀을 보내셔서 그들을 심판하셨습니다민 21:4-6. 하지만 모세가 하나님께 중보했을 때 하나님은 놋뱀을 만들게 하셔서 뱀에 물린 자마다 장대 위에 단 놋뱀을 보고 살게 되었습니다민 21:7-9. 놋뱀을 바라본 자마다 나음을 얻은 것은 백성이 받아야 할 심판이 놋뱀에게 전가되었기 때문입니다. 하늘에서 임하는 하나님의 심판 역시 놋으로 나타납니다신 28:22-23. 그러므로 번제단의 놋은 번제물을 태우기 위해 금보다 가치가 낮은 물질 중에서 하나님의 심판이 번제물에 전가됨을 의미하기 위해 사용된 것입니다.

한편 인류의 죄를 자신에게 전가하신 예수님의 신성은 놋으로 상징화됩니다. 이는 우리의 죄가 십자가 위에 달리신 예수 그리스도에게 전가된 덕분이고, 우리의 죄악된 자아는 십자가에서 온전히 불태워진 번제물인 그리스도를 통해 사라졌습니다. 그러므로 누구든지 예수 그리스도의 십자가를 통하지 않고는 하나님께 나아갈 수 없습니다고전 1:18.

### 3) 뿔

성경에서 뿔은 능력과 권세를 상징합니다. 특히 죄를 저지른 죄인을 용서할 수 있는 권위를 지칭합니다. 그래서 다윗은 "여호와야훼는 나의 반석이시요 나의 요새시요 나를 건지시는 이시요 나의 하나님이시요 내가 그 안에 피할 나의 바위시요 나의 방패시요 나의 구원의 뿔이시요 나의 산성이시로다"시 18:2라고 고백했습니다. 이후 학깃의 아들 아도니야 역시 솔로몬을 두려워하여 목숨을 부지하기 위하여 제단 뿔을 잡았고왕상 1:50-51, 아도니야를 따르던 요압 역시 여호와야훼의 장막으로 도망하여 제단의 뿔을 잡았습니다왕상 2:28.

### 4) 불

번제단의 부속물은 모두 불과 관련된 것들입니다. 이스라엘 역사 속에서 불은 심판을 상징하는 의미로 종종 사용되었습니다. 의인 열 명이 없었던 소돔과 고모라가 그랬고창 18:20-19:28, 애굽에 내린 열 가지 재앙 중에서 일곱째 재앙인 우박이 내릴 때에 불덩이가 섞여 내렸으며출 9:24, 하나님께서 명하시지 않은 다른 불을 담아 분향했던 나답과 아비후는 죽음을 당했습니다레 10:1-2. 출애굽한 이스라엘 백성들 중에서도 악한 말로 하나님을 원망하던 이들이 여호와야훼의 불에 의해 심판을 받았고민 11:1-2, 하나님의 종 모세를 대적했던 고라의 자손과 분향하는 250명을 소멸했습니다민 16:28-35. 신약성경에서도 불은 심판의 불꽃으로 묘사되지만눅 16:24, 예수 그리스도의 재림의 영광을 나타내는 하늘의 불꽃으로도 나타납니다살후 1:7-8.

**Q** 번제단에서 불이 나와 단 위의 번제물과 기름을 사를 때에 백성들이 소리지르며 엎드린 것은(레 9:24) 하나님의 어떤 속성을 깨달았기 때문입니까?

## 3. 번제단 기도의 실제

### 1) 예수 그리스도의 구속

이스라엘 백성들이 율법을 어기고 죄를 지을 때마다 하나님께 나와 번제단에 제물을 바치고 제사를 드렸습니다. 번제단에 바칠 제물을 가진 이는 뜰문을 통해 성막 안으로 들어왔습니다. 예수님은 바로 성막의 뜰문이시기 때문에 예수 그리스도를 통해 하나님을 만나고, 하나님의 풍성한 은혜 안에 거합니다. 그러므로 누구든지 그리스도의 구속을 통해 그리스도 안에 있으면 새로운 피조물이 되어 죄악된 과거가 사라지고 의롭다 여김을 받습니다고후 5:17-19. 우리는 예수 그리스도의 구속의 은혜를 사모하며 기도해야 합니다.

### 2) 하나님과의 화해

예수 그리스도는 번제단의 제물처럼 나의 죄를 대신하여 십자가를 지신 화목제물입니다. 거룩하신 하나님 앞에 우리의 죄악된 모습으로는 나아갈 수 없지만 예수의 피, 즉 구속의 보혈을 통해 우리는 담대히 성소에 들어갈 담력을 얻었습니다히 10:19. 하나님은 그리스도를 통해 당신과의 화목을 이루셨을 뿐만 아니라 하나님을 믿는 우리들로 하여금 세상 가운데 화목케 하는 직분을 주셨습니다고후 5:18. 그러므로 우리는 성막형기도를 통해 이 땅 가운데 화목하게 하는 말씀을 실천하는 사명을 부여받은 자답게 살아가야 하겠습니다고후 5:19.

### 3) 성령의 역사하심

예수님을 그리스도, 주님으로 믿어 죄사함을 받은 사람은 성령을 의지할 때에 성령의 역사하심을 통해 죄성을 이기고 성결한 삶을 살아갑니다. 성령의 은사는 예수님을 주님으로 시인하게 하는 것이고고전 12:3, 그렇게 믿음을 고백하는 이에게 성령은 지혜의 말씀, 지식의 말씀, 믿음, 병 고치는 은사, 능력 행함, 예언함, 영들 분별함, 각종 방언 말함, 방언들 통역함을 주십니다고전 12:7-11. 따라서 성령의 역사하심을 간구하는 번제단의 기도를 통해 능력 있는 삶을 살 수 있습니다.

---

**Q** 그리스도인들이 예배를 드리기 전에 서로 화목해야 하는(마 5:23-24) 이유가 무엇인지 묵상해 봅시다.

# TABERNACLE PRAYER SCHOOL

## 적용을 위한 다짐과 실천

① 지난 한 주간 동안 나에게 베푸신 하나님의 은혜에 대하여 나누어 봅시다.

② 지금까지 '번제단의 기도 : 보혈의 은혜'에 대해 공부했습니다. 오늘 공부에서 느끼고 깨달은 바를 함께 나누어 봅시다 sharing time.

③ 하나님과 화해가 필요한 이유는 무엇입니까?

④ 성막형기도를 통해 세상 가운데 화목하게 하는 사명을 실천하기 위해 내 삶에서 내려놓아야 할 모습에는 어떤 것들이 있을까요?

⑤ 지금 나는 성막형기도를 통해 구원의 뿔이신 하나님을 체험하고 있습니까?

**오늘의 과제** 예수 그리스도의 보혈의 은혜와 권세에 대해 묵상하며, 나의 생각을 글로 표현해 봅시다.

## 암송 구절

"악인의 제사는 여호와야훼께서 미워하셔도
정직한 자의 기도는 그가 기뻐하시느니라"
잠언 15:8

"The LORD detests the sacrifice of the wicked,
but the prayer of the upright pleases him."
Proverbs 15:8

## 성막형기도 선포문

나는 예수 그리스도의 보혈을 믿고 선포하며
기도할 것입니다!

## 묵상 명언

기도는 예수 그리스도의 보혈로 깨끗해진
마음의 당연하고도 자연스러운 분출이다.
**에드워드 메켄드리 바운즈** Edward McKendree Bounds

# Tabernacle

# 03

# 물두멍의 기도: 죄의 성결

rayer School

# 03 물두멍의 기도 : 죄의 성결

미국 서부 개척시대에는 양 도둑이 많아 사회의 큰 문제가 되었습니다. 이에 대한 대책으로 정부에서는 붙잡힌 양 도둑에게는 이마에 양 도둑 Sheep Thief이란 뜻으로 'S'와 'T' 글자를 새기기로 했습니다. 쇠붙이를 불에 달구어 사람의 이마에 찍은 고통도 크지만, 이보다 더 큰 고통은 '양 도둑'을 의미하는 낙인을 이마에 표시하고 평생을 살아야 하는 것이었습니다. 어느 날 두 사람의 양 도둑이 함께 붙잡혔습니다. 법에 따라 그들 두 사람의 이마에 'ST' 두 글자가 낙인 되었습니다. 두 사람 중 한 사람은 인생을 포기하고 살았습니다. 모든 사람이 자기를 차가운 멸시의 눈으로 쳐다보는 것 같아 계속해서 죄를 지으며 살다가 얼마 지나지 않아 비참하게 죽고 말았습니다.

그러나 다른 한 사람은 죄의 대가를 치르겠다는 심정으로 마을의 궂은 일을 도맡아 하였고 어려운 처지에 있는 사람을 도우며 성실히 살았습니다. 그 마을 사람들은 점차 그를 존경하게 되었고 세월이 흘러 낙인을 찍는 처벌도 폐지된 지 오래되어 사람들은 'ST'의 의미를 잊게 되었습니다. 마을의 젊은이들은 너무나 친절한 이 할아버지의 이마에 찍힌 'ST'라는 글자가 무엇인지 이야기를 나누다가 인품이 뛰어난 할아버지에게 정부에서 '성인'을 뜻하는 'Saint'의 약자인 'ST'를 새긴 것이라고 결론을 내렸습니다. 그렇게 그는 성자로서 존경받으며 생을 마감했습니다.

**묵상**

나는 언제 성결을 위한 기도가 더 절실하다고 느끼나요?
오늘 예화처럼, 하나님의 은혜 안에서 삶의 방향이 바뀐 경험이 있다면 함께 나누어 봅시다.

성막형기도지수
체크 리스트

# Tabernacle Prayer Quotient Check List

## 당신의 성막형기도지수TPQ는?

아래의 문항을 읽고 나에게 해당하는 것을 체크해 보세요. ☑

① 하나님께서 물두멍 기도를 통하여 나를 성결케 하심을 믿는다.

② 물두멍 기도 중에 임하는 시험에 대하여 알고 대비한다.

③ 어떠한 상황 속에서도 하나님의 신실하심을 의심하지 않는다.

④ 물두멍 기도 중에 보혜사 성령님이 도와주심을 느낀다.

⑤ 물두멍 기도를 통해 성결한 신앙생활의 중요성을 인식한다.

**나에게 해당하는 문항은 몇 개인가요? ______ 개**

체크하지 못한 문항의 내용을 다시 점검하고,
앞으로 이를 적용할 수 있는 방법을 생각해 봅시다.

# 성경과의 만남

출애굽기 30장 17절에서 21절까지 읽어보십시오.

[17] 여호와야훼께서 모세에게 말씀하여 이르시되 [18] 너는 물두멍을 놋으로 만들고 그 받침
도 놋으로 만들어 씻게 하되 그것을 회막과 제단 사이에 두고 그 속에 물을 담으라 [19] 아
론과 그의 아들들이 그 두멍에서 수족을 씻되 [20] 그들이 회막에 들어갈 때에 물로 씻어
죽기를 면할 것이요 제단에 가까이 가서 그 직분을 행하여 여호와야훼 앞에 화제를 사를
때에도 그리 할지니라 [21] 이와 같이 그들이 그 수족을 씻어 죽기를 면할지니 이는 그와
그의 자손이 대대로 영원히 지킬 규례니라

1. 물두멍을 회막과 제단 사이에 배치한 이유는 무엇입니까? 18절

2. 물두멍은 어떤 종류의 놋으로 만들어졌습니까? cf. 출 38:8

3. 물두멍에서 씻을 수 있는 사람은 어떤 직분을 가진 사람입니까? 19절

4. 물두멍에서 씻는 이유는 무엇입니까? 20-21절

5. 제사장이 거룩한 경내에 들어가기 전에 손과 발을 씻지 않으면 죽는 이유는 무엇일까요? 21절

# 물두멍의 기도 : 죄의 성결

구약시대에는 다양한 정결의 율법들이 존재했으며, 그 가운데서도 '씻는 행위'는 의식 가운데 가장 두드러진 특징 중 하나였습니다. 제사장은 회막 문에서 물로 씻었고출 29:4, 속죄일에는 특별한 씻는 의식을 행해야 했습니다레 16:4, 24, 26. 또한 모든 제사장은 의식상의 부정함을 제거하기 위해 반드시 물로 손과 발을 씻어야 했습니다레 11:40, 17:15-16, 22:6. 이처럼 제사장이 자신을 정결하게 하기 위해 물두멍을 통과하지 않으면 죽음을 면하지 못했습니다출 30:20.

이러한 구약의 정결 의식, 특히 물두멍에서의 씻음은 단순한 외적 행위가 아니라 하나님의 거룩하심에 대한 경외와 백성의 내면적 회개, 그리고 하나님과의 교제를 준비하는 깊은 신앙적 의미를 지닌 행위였습니다. 하나님 앞에 나아가는 이들은 반드시 이 정결의 과정을 거쳐야 했으며, 이는 오늘날 우리의 신앙 여정에서도 동일하게 적용되는 중요한 영적 원리입니다.

## 1. 물두멍의 의미

### 1) 물두멍의 사용법

물두멍은 성막의 모든 시설물과 비품들 중에서 설명하기가 가장 부족한 기구입니다. 물두멍의 재료가 놋이고, 놋받침대가 따로 있었다는 점 외에 그 크기나 무게, 모양에 대한 아무런 정보가 주어져 있지 않기 때문입니다출 30:17-18. 다만 물두멍의 재료인 놋이 성전에서 수종드는 여인의 놋거울을 녹여서 만든 것이라는 진술을 통해 정성스럽게 드려진 놋으로 만든 성물임을 증명합니다출 38:8. 물두멍 본체와 받침대의 재료인 놋은 성막과 기물들의 재료들 중에서 가장 낮은 등급에 속하는 금속입니다. 따라서 물두멍은 단순히 회막과 제단 사이에 두어 제사장들이 회막에 들어갈 때에 씻어 정결하게 하는 기능에 충실한 용도였다고 추정할 수 있습니다출 30:19-20.

물두멍의 물은 거룩하게 구별된 성수로서민 5:17 상당한 양이 담겼습니다. 탈무드는 물두멍의 물이 모세와 아론, 아론의 두 아들 등 네 명의 제사장들이 손과 발을 씻기에 충분한 양이라고 기록하지만 물의 용도가 씻는 것 외에도 다양하므로 이를 전적으로 받아들이기는 어렵습니다. 하지만 상당히 많은 양이 담겨졌다는 사실은 확실한데, 제사장들이 제물을 드릴 때에 내장을 청소하거나 제단을 소제하는 데에도 물이 필요했고, 제사장들이 매일 성막에서 제물의 일부를 요리해서 먹었는데 이를 위해서도 물이 필요하기 때문입니다. 또한 정기적으로 성막을 청소하기 위해서도 상당량의 물이 필요했을 것입니다.

### 2) 성막의 물두멍과 솔로몬 성전의 물두멍

성막의 물두멍에서 제사장들이 손과 발을 씻고 내성소에 들어간 이유는 그들이 손발을 씻지 않고 들어간다면 죽음을 면치 못하기 때문입니다. 제단에서 제사를 드리기 위해 제단에 접근할 때에도 제사장들은 손발을 씻어야 했습니다. 이는 제사장 복장을 입은 제사장의 몸에서 얼굴을 제외하고 유일하게 신체가 노출된 부위가 손과 발이기 때문입니다. 얼굴과 달리 손과 발은 어디에서든 부정한 것이 부지불식간에 묻을 수 있습니다. 또한 모든 제사장 복장 규례에서 신발이 전혀 언급되지 않고, 당시 하나님을 독대했던 사람들이 "네 신을 벗으라"출 3:5; 수 5:15는 명령을 받은 것으로 보아 제사장들은 성막에서 맨발로 직무를 수행했을 것입니다. 고대 근동의 문화에서 거룩한 대상, 높은 상전 앞에서는 낮아짐의 표시로 신발을 벗는 것이 예법이었기 때문에 신발을 벗는 것이 익숙한 문화였을 것입니다.

성막의 물두멍에 대한 성경의 묘사가 간단한 데 비해, 솔로몬 성전의 물두멍은 매우 자세하게 기록되어 있습니다왕상 7:23-47; 대하 4:2-18. 성전의 물두멍은 그 크기가 워낙 커서 '바다'라고 불렸고, 전체적으로 둥근 형태였습니다. 직경은 10규빗약 4.5미터, 높이는 5규빗약 2.3미터, 둘레는 30규빗약 13.5미터에 달했습니다. 받침대는 소 열두 마리가 세 마리씩 동서남북 네 방향으로 짝을 이루어 물두멍을 받치고 있었고, 두께는 한 손바닥 너비였습니다. 용량은 2천 밧, 즉 4만 6천 리터에 이르렀습니다. 이는 성전이 성막보다 훨씬 큰 규모였음을 반영하는 것으로, 제사장이 그곳에서 손과 발을 씻는다는 본질적인 용도는 동일했습니다.

물두멍은 우리에게 하나님 앞에서의 준비와 자기를 성찰하는 신앙적 태도를 가르쳐 줍니다. 우리는 날마다 하나님의 말씀과 성령 안에서 자신을 정결케 하여, 그분의 임재 앞에 나아가는 거룩한 삶을 추구해야 합니다. 구약의 제사장들이 물두멍 앞에서 자신을 씻으며 경외함으로 나아갔듯이, 오늘날의 신앙인들도 마음의 물두멍 앞에서 날마다 자신을 씻는 삶이 요구됩니다.

---

**Q** 물두멍은 우리와 하나님과의 관계에 대하여 무엇을 상징합니까?

## 2. 물두멍 기도의 실제

### 1) 단회적 씻음

우리는 물두멍 기도를 통해 구원의 은총을 되새기며 하나님께 감사와 찬송을 드리는 삶을 살아야 합니다. 하나님께서 물두멍을 통해 이스라엘 백성에게 가르치시고자 하셨던 것은 성결의 중요성이며, 이는 곧 하나님과의 관계에서 가장 기본적인 조건입니다. 이는 하나님의 은혜로 거룩하게 씻음을 받지 못하면 아무도 하나님 앞으로 나아갈 수 없다는 것을 의미합니다. 다른 성소의 기구들과 달리 하나님은 모세에게 물두멍의 치수와 모양에 대하여 알려주시지 않으시고, 다만 물두멍 안에 무엇이 들어있어야 하고 거기서 어떤 일을 행해야 하는지만 알려주셨습니다출 30:17-21.

구약시대에는 하나님께 제사를 드릴 때마다 물두멍에서 씻어야 했지만 예수님을 믿어 죄 사함의 은총을 입으면 구원을 얻고 왕 같은 제사장이 됩니다벧전 2:9. 이것은 더 이상 반복할 필요 없는 단회적인 은혜의 체험이며, 구원받은 자로서 하나님 앞에 담대히 나아갈 수 있는 신분을 얻게 됩니다. 이러한 단회적 씻음은 성도의 영원한 구원을 의미하며, 신약시대의 성도는 모두 제사장입니다. 따라서 매일 물두멍 기도를 통해 구원받은 자로서 감사와 찬송을 드리는 성결하고 능력 있는 삶을 살아야 할 것입니다.

### 2) 지속적 성화

우리는 물두멍 기도를 통해 매일 성결하게 씻음을 받아야 합니다. 예수님은 유월절 만찬 자리에서 제자들의 발을 씻기시며, 전신을 씻는 '목욕'과 발만 씻는 부분적인 씻음이라는 두 가지의 씻음을 구별하셨습니다요 13:6-10. 예수님은 "목욕한 자는 발밖에 씻을 필요가 없느니라"고 하셨습니다. 여기서 '목욕'은 구원을 뜻하며, 단회적인 씻음을 의미합니다. 하지만 예수님을 믿고 거듭나 구원을 얻은 사람도 흙을 딛고 살다보면 발이 더럽혀지는데 그런 경우에는 발만 씻으면 됩니다. 마찬가지로 자신의 죄를 회개하고 예수 그리스도를 믿어 영생을 얻은 사람은 더 이상 돌이키는 회개, 즉 근본적이고 본질적인 회개를 할 필요는 없습니다.

하지만 일상의 삶에서 자범죄를 짓기 때문에 하나님 앞에 나올 때마다 죄를 고백해야 하는데, 이는 부분적인 씻음입니다. 이는 하나님과 단절된 죄는 예수 그리스도의 구속을 통해 용서받았지만, 인간 안에서 살아서 꿈틀대는 죄성으로 인한 자범죄는 성령의 도우심을 통해 성화의 길을 걸어가며 싸워 이겨야 함을 의미합니다.

물두멍의 기능은 단순한 제의적 절차를 넘어서서 오늘날 신앙생활에서도 중요한 교훈을 줍니다. 우리는 예수 그리스도를 통해 단번에 구원받은 존재로서 단회적 씻음의 은혜를 누립니다. 동시에, 지속적인 성화의 삶을 통해 날마다 정결함을 유지하며 하나님과 깊은 교제를 나누어야 합니다. 날마다 우리 속에서 솟아오르는 자아의 이기적인 생각과 욕심을 이기는 방법은 물두멍의 기도를 매일 드리는 것입니다.

---

**Q** 지속적 성화를 위하여 성령은 우리를 어떻게 도와주십니까? (딛 3:5)

# 적용을 위한 다짐과 실천

① 지난 한 주간 동안 나에게 베푸신 하나님의 은혜에 대하여 나누어 봅시다.

② 지금까지 '물두멍의 기도 : 죄의 성결'에 대해 공부했습니다. 오늘 공부에서 느끼고 깨달은 바를 함께 나누어 봅시다 sharing time.

③ 우리의 삶 속에서 성결이 필요한 이유는 무엇입니까?

④ 놋거울을 물두멍의 재료로 바친 성막의 수종드는 여인들처럼 내가 오늘 성막형기도를 통해 하나님께 드릴 거룩한 예물은 무엇입니까?

⑤ 날마다 우리 안에서 역사하는 죄성을 이기는 비결은 무엇일까요?

**오늘의 과제** 물두멍 기도를 통해 내가 성결하게 해야 할 점은 무엇인지 묵상해 봅시다.

## 암송 구절

"내 이름으로 일컫는 내 백성이 그들의 악한 길에서 떠나
스스로 낮추고 기도하여 내 얼굴을 찾으면
내가 하늘에서 듣고 그들의 죄를 사하고 그들의 땅을 고칠지라"

역대하 7:14

"If my people, who are called by my name, will humble themselves
and pray and seek my face and turn from their wicked ways,
then will I hear from heaven, and will forgive their sin
and will heal their land."

2 Chronicles 7:14

## 성막형기도 선포문

나는 물두멍 기도의 원리에 따라 성결한 마음으로
구원을 베푸신 하나님께 감사하며 찬송할 것입니다!

## 묵상 명언

인간의 궁극적인 목적은 구원을 받는 것이 아니고
하나님을 찬송하는 것이다.

**마르틴 루터** Martin Luther

Tabernacle

04

# 등대의 기도: 성령의 임재

rayer School

# 04 등대의 기도 : 성령의 임재

영국 감리교 창시자인 존 웨슬리John Wesley 목사는 평소 인자하고 친절한 성품으로 알려져 있었지만, 설교 시간만큼은 단호함을 잃지 않았습니다. 전해지는 이야기 가운데, 어느 주일 예배 시간에 설교 중 몇몇 성도가 졸고 있는 모습을 본 웨슬리 목사는 마음이 답답해졌다고 합니다. 그러다 갑자기 큰 소리로 외쳤습니다. "불이야! 불!"

성도들은 목사님이 갑자기 소리를 지르는 바람에 놀라 눈이 동그랗게 되었고, 잠이 들었던 성도들도 정신이 번쩍 났습니다. 어떤 성도가 나서서 물었습니다. "불이라니, 어디에 불이 났습니까?" 다른 성도들도 주위를 두리번, 두리번 살펴보았지만 연기도 불꽃도 보이지 않았습니다.

그때 웨슬리 목사님은 엄숙하게 말했습니다. "지옥의 불을 말하는 것입니다. 설교 도중에 잠을 자는 사람들이나 정신없이 멍히 앉아 있는 사람들이 가게 될 지옥불 말입니다." 그제야 성도들은 정신을 가다듬어 설교에 귀를 열었고 예배에 집중하게 되었습니다.

예배에 집중하고 설교 말씀에 귀를 기울일 때에 그 말씀을 통해 불같은 성령이 임하셔서 잠을 깨고, 영적으로 각성하게 됩니다행 2:1-4. 그러한 영적 각성은 우리로 하여금 더욱 말씀에 집중하게 하는데, 그렇게 말씀을 들으면 믿음이 생기고롬 10:17 자라서 믿음의 풍성한 열매를 맺게 되는 것입니다.

**묵상**

때때로 마주하는 삶의 문제들 가운데서도 여전히 좋으신 하나님을 신뢰하며 기도할 수 있는 이유는 무엇인가요? 각자의 삶과 경험을 돌아보며 함께 나누어 봅시다.

성막형기도지수
체크 리스트

# Tabernacle Prayer Quotient Check List

## 당신의 성막형기도지수TPQ는?

아래의 문항을 읽고 나에게 해당하는 것을 체크해 보세요. ☑

① 등대의 기도를 통해 임하시는 성령의 다양한 도우심에 대하여 이해한다.

② 등대의 기도 중에 임하시는 성령의 불같은 역사를 신뢰한다.

③ 등대의 기도를 통해 사탄의 유혹과 시험을 이길 수 있음을 확신한다.

④ 등대의 기도를 통해 전적으로 성령님을 의지하여 기도할 수 있다.

⑤ 등대의 기도를 통해 날마다 믿음이 성장한다.

**나에게 해당하는 문항은 몇 개인가요? _____ 개**

체크하지 못한 문항의 내용을 다시 점검하고,
앞으로 이를 적용할 수 있는 방법을 생각해 봅시다.

# 성경과의 만남

출애굽기 25장 31절에서 40절까지 읽어보십시오.

31 너는 순금으로 등잔대를 쳐 만들되 그 밑판과 줄기와 잔과 꽃받침과 꽃을 한 덩이로
연결하고 32 가지 여섯을 등잔대 곁에서 나오게 하되 다른 세 가지는 이쪽으로 나오고 다
른 세 가지는 저쪽으로 나오게 하며 33 이쪽 가지에 살구꽃 형상의 잔 셋과 꽃받침과 꽃
이 있게 하고 저쪽 가지에도 살구꽃 형상의 잔 셋과 꽃받침과 꽃이 있게 하여 등잔대에
서 나온 가지 여섯을 같게 할지며 34 등잔대 줄기에는 살구꽃 형상의 잔 넷과 꽃받침과
꽃이 있게 하고 35 등잔대에서 나온 가지 여섯을 위하여 꽃받침이 있게 하되 두 가지 아
래에 한 꽃받침이 있어 줄기와 연결하며 또 두 가지 아래에 한 꽃받침이 있어 줄기와 연
결하며 또 두 가지 아래에 한 꽃받침이 있어 줄기와 연결하게 하고 36 그 꽃받침과 가지
를 줄기와 연결하여 전부를 순금으로 쳐 만들고 37 등잔 일곱을 만들어 그 위에 두어 앞
을 비추게 하며 38 그 불 집게와 불 똥 그릇도 순금으로 만들지니 39 등잔대와 이 모든 기
구를 순금 한 달란트로 만들되 40 너는 삼가 이 산에서 네게 보인 양식대로 할지니라

1. 등잔대는 제사장에 의해 어떻게 관리되었을까요? cf. 출 30:7-8

2. 등잔대의 줄기와 가지 일곱 개가 상징하는 것은 무엇입니까? 31-32절

3. 살구나무가 뜻하는 바는 무엇일까요? cf. 렘 1:1-11, 31:26-27; 시 127:1; 잠 8:34

4. 등잔대와 기물을 순금으로 만들도록 한 이유는 무엇입니까? 31-40절

5. 등잔대와 관련하여 예수 그리스도가 의미하시는 바는 무엇입니까?
   cf. 요 8:12, 9:5, 12:46

# 등대의 기도 : 성령의 임재

등대의 기도는 성령의 임재를 상징합니다. 성막의 비품들 중에서 역사적으로 유대인들에게 가장 중요한 것이 바로 등잔대입니다. 히브리어로 '메노라מְנוֹרָה'라고 불리는 이 등잔대는 '다윗의 별'과 함께 오늘날까지 유대인의 대표적인 상징으로 자리 잡고 있습니다. 현대 이스라엘의 국기에 들어가는 문양이 바로 다윗의 별이며, 국장의 문양은 메노라입니다. 등잔대를 흔히 촛대로 오해하는데, 이는 심각한 오류입니다. 등잔대에는 기름을 붓고 심지를 놓았을 뿐 초를 꽂지 않았기 때문입니다.

성막 안에는 창문이나 빛이 들어올 수 있는 틈이 없었기 때문에 등대의 불빛 외에 다른 빛은 전혀 없었습니다. 그러므로 제사장이 성막 안에서 하나님을 만나며 섬기는 모든 활동을 수행하기 위하여 의지해야 할 유일한 빛은 등대의 빛이었습니다. 일반적인 경우 성막의 건축에 있어서 빛이 투과되는 장치를 마련하는 것이 상식적입니다. 하지만 성막 건축에 관한 모든 계획을 모세에게 말씀하신 하나님의 뜻은 제사장이 유일한 빛의 근원인 등대를 중심으로 하나님만을 바라는 마음으로 섬김을 수행하는 것이었습니다.

## 1. 등잔대의 구성

### 1) 등잔대의 모양

성막 안, 성소의 내부에는 하나님께서 직접 명하신 여러 성물이 놓였는데, 그 중에서도 등잔대는 특별한 의미와 독특한 형상을 가진 기물입니다. 등잔대는 각 부위를 따로 제작한 후 조립한 것이 아니라, 언약궤의 속제소처럼 전체가 하나로 이루어진 일체형 기물입니다출 25:31. 등잔대는 하나님께서 지혜와 총명을 주신 브살렐이라는 뛰어난 기술자에 의해 제작되었습니다출 37:17. 그는 정교한 세공 능력으로 성막의 여러 기구를 아름답고 정확하게 만들었습니다.

등잔대는 속죄소의 그룹 형상처럼 속이 빈 조형물로 추정됩니다. 먼저 금 덩어리를 녹여 밑판을 만들고 밑판에서 가운데 줄기가 뻗어나오며, 그 줄기 양쪽으로 세 개씩 가지가 나와서 모두 일곱 개 줄기를 이루었습니다. 일곱이라는 숫자가 성경적으로 완전함을 뜻하는데 등잔의 불빛이 빛이신 하나님을 상징하므로 일곱 개의 등불은 완전한 하나님의 임재를 의미합니다.

### 2) 등잔대의 장식과 부품들

등잔대에 딸린 부품은 불집게와 불똥 그릇인데출 25:38, 이들 모두 순금으로 제작되었습니다. 불집게는 등잔의 심지를 갈 때에 사용되었고, 불똥 그릇은 뜨거운 심지와 재를 담는 용도로 사용되었습니다. 등잔대와 부품들에 들어간 금의 총량은 1달란트로서 약 34kg이나 되므로 꽤 많은 금이 사용되었으며, 이를 통해 등잔대가 매우 중요한 기물이라는 사실을 알 수 있습니다출 25:39, 38:24.

등잔대의 장식에는 살구꽃 형상의 꽃잔이 세공되어 있었는데출 25:33-34, 살구꽃은 팔레스타인 지역에서 가장 먼저 피는 꽃으로서 알려져 있습니다. 이는 부활의 생명을 예표하기 때문에 결국 부활의 첫 열매되신 그리스도를 상징합니다.

## Q 성경에서 빛이 의미하는 바는 무엇일까요? (창 1:4, 14-19)

## 2. 등잔과 성령

### 1) 등잔과 예수 그리스도

성령의 사역은 예수님을 주님으로 시인하도록 하는 것과 연관되어 있습니다고전 12:3. 아름다운 등잔대를 만들기 위해 순금을 망치로 여러 차례 두드려 단련해야 하듯, 예수님께서도 고난을 통해 온전한 구원의 역사를 이루셨습니다. 예수님은 자신을 '세상의 빛'으로 선언하시며 예수님을 따르는 자는 어두움에 다니지 않고 '생명의 빛'을 얻을 것이라고 말씀하셨습니다요 8:12.

하나님은 성령과 능력으로 나사렛 예수에게 기름을 부으셔서 모든 선한 사역과 마귀에게 눌린 모든 사람을 고치는 일을 행하게 하셨습니다행 10:38. 여기서 '기름부음을 받은 자'라는 뜻의 히브리어는 '마쉬아흐מָשִׁיחַ, 메시아', 헬라어는 '크리스토스Χριστός, 그리스도'입니다. 그리스도께서는 성령의 기름부으심을 받아 하나님의 뜻을 이루는 사역을 감당하셨고, 그 사역은 성령과 등잔의 상징을 통해 더욱 분명하게 드러납니다.

예수님은 제자들을 향해 "너희는 세상의 빛이라"고 선포하시며마 5:14, 그들의 빛이 사람 앞에 비치게 하여 착한 행실을 통해 하늘 아버지께 영광을 돌리게 하라고 말씀하셨습니다마 5:16. 이처럼 예수님은 성령의 기름부으심을 받은 자로서 세상의 빛이셨고, 성령 안에 거하는 성도들은 그 기름부으심의 은혜로 등잔대 앞에서 기도하며 그 빛을 따라 살아가는 존재입니다.

### 2) 세례침례 요한과 신약시대의 그리스도인들

사도 바울 역시 성령의 역사하심을 따라 그리스도인들이 '빛의 아들'이라고 선포했습니다살전 5:5. 본래 죄악의 어두움 가운데 거하던 이들이 빛이신 예수 그리스도를 마음에 모심으로써, 그 빛이 믿음을 통해 그들의 삶을 성소로 바꾸었습니다. 그러므로 그리스도인은 만나는 모든 이에게 그리스도의 빛과 사랑을 발하는 사람이 되어야 하며, 이 빛이 지속적으로 발산하기 위해서는 성령의 기름이 날마다 충만히 채워져야 합니다.

구약시대에는 왕과 제사장이 기름부음을 받았고출 29:7; 레 4:1-21; 삼상 9:16, 10:1; 삼하 19:10; 사 9:8 예수님도 성령으로 잉태되어눅 1:35 세례침례 요한으로부터 요단강에서 세례침례를 받으실 때에 성령이 임하셨습니다마 3:16; 눅 3:22; 요 1:32. 오늘날 신약시대를 살아가는 그리스도인들 역시 성령이 충만하여행 13:52 성령을 소멸하지 않도록 주의해야 합니다살전 5:19. 그러한 그리스도인들은 일곱 금 촛대를 가진 그리스도 재림의 기쁨과 영광에 참여할 것입니다계 1:12-20.

**Q** 등대를 채우는 기름은 어떤 경우에 사용되었습니까? (창 28:18, 31:13; 출 29:29, 40:9; 삼하 2:7; 왕상 19:16).

## 3. 등대 기도의 실제

### 1) 등잔대와 기름

성막 안 등잔대의 불빛은 성소를 밝히는 유일한 빛이었으며, 이는 하나님의 임재와 인도하심을 상징하는 중요한 요소였습니다. 이 등잔대는 단순한 조명 기구가 아니라 거룩한 예배의 핵심적인 성물로서, 하나님께서 명하신 정해진 방식대로 관리되어야 했습니다.

등잔대는 대제사장의 지휘 아래에서 일반 제사장들이 관리했던 것으로 보입니다. 그들은 깨끗하고 순수한 감람유를 짜서 등잔에 사용했습니다출 27:20. 여기서 '순수한'이라는 히브리어 단어는 '자크זך'로, 이는 성막에서 사용되는 기름과 향에만 쓰이는 표현입니다. 이 단어는 액체나 원료에서 찌꺼기와 불순물을 완전히 제거한, 정결히 정제된 상태를 뜻합니다.

이처럼 깨끗한 기름은 더럽거나 탁한 것과 반대되는 개념이기 때문에 예배에 임하는 예배자의 태도가 어떠해야 하는지를 일깨워 줍니다.

### 2) 성령의 지속적인 임재

등잔대가 아무리 아름다워도 연료인 기름이 없다면 빛을 발하는 기구의 역할을 온전히 수행하지 못합니다. 마찬가지로 성령의 기름이 없다면 그리스도를 따르는 이들이 어두운 세상에 빛을 비추는 빛의 역할을 행할 수 없을 것입니다. 성령의 임재란 하나님과의 영적 교제가 단절된 인간을 회복시키기 위해 찾아오시는 성령님의 방문을 뜻합니다.

성령님께서 임재하실 때 죄로 인해 죽었던 우리의 영혼이 소생하며, 그 결과 우리의 육신도 온전케 됩니다. 인간은 영, 혼, 육이 하나로 연결된 전인全人이기 때문입니다. 그러므로 능력있는 믿음의 삶을 살기 위해서 우리는 매일의 삶에서 성령의 지속적인 임재를 필요로 합니다.

예수님께서도 제자들에게 성령을 기다리라 하셨고, 성령을 통해 그들이 능력 있는 삶을 살도록 하셨습니다행 1:8. 이처럼 성령의 임재는 신앙인의 삶의 원동력이며, 하나님의 뜻을 이 땅에서 이루는 능력입니다.

우리가 성령의 임재 안에 거할 때, 세상의 어둠 가운데서도 하나님의 빛을 비추는 영적 등잔대의 역할을 감당할 수 있습니다. 그 빛은 단순한 윤리적 선함이 아니라, 하나님의 임재에서 흘러나오는 거룩함과 생명력입니다. 그러므로 날마다 우리는 성령을 사모하고, 성령의 도우심을 구하며 살아가야 합니다.

---

**Q** 등잔대의 불을 아침부터 저녁까지 켜둔 이유는 무엇일까요? (출 27:21)

# TABERNACLE PRAYER SCHOOL

# 적용을 위한 다짐과 실천

① 지난 한 주간 동안 나에게 베푸신 하나님의 은혜에 대하여 나누어 봅시다.

② 지금까지 '등대의 기도 : 성령의 임재'에 대해 공부했습니다. 오늘 공부에서 느끼고 깨달은 바를 함께 나누어 봅시다 sharing time.

③ 빛으로 오신 예수님을 닮기 위해 필요한 자세는 무엇입니까?

④ 예배자의 바른 마음가짐은 무엇인지에 대하여 생각해 봅시다.

⑤ 성막형기도에 임하시는 성령의 기름부으심에 대하여 설명한 성경 본문이나 구절을 찾아봅시다.

**오늘의 과제** 성막형기도를 하기 전에 믿음으로 결단한 기도 제목을 적어 봅시다.

## 암송 구절

"항상 기뻐하라 쉬지 말고 기도하라 범사에 감사하라
이것이 그리스도 예수 안에서 너희를 향하신 하나님의 뜻이니라"

데살로니가전서 5:16-18

"Rejoice always, pray continually, give thanks in all circumstances;
for this is God's will for you in Christ Jesus."

1 Thessalonians 5:16-18

## 성막형기도 선포문

나는 등대의 기도 유형을 따라
하나님께 기도할 것입니다!

## 묵상 명언

내게서 성령의 능력이 떠나가면
나는 한 덩어리의 진흙에 불과하다.

**빌리 그래이엄** Billy Graham

Tabernacle

# 05

# 진설병의 기도: 말씀의 능력

rayer School

# 05 진설병의 기도 : 말씀의 능력

르네상스 시대의 천재 화가 레오나르도 다빈치Leonardo da Vinci에 얽힌 잘 알려진 일화가 있습니다. 그는 그의 불후의 명작 《최후의 만찬The Last Supper》을 완성하기까지 약 3년간 큰 고생을 했습니다. 특히 예수님과 가룟 유다의 얼굴을 그리는 과정이 가장 어려웠습니다.

예수님의 얼굴을 그리기 위해 다빈치는 밀라노의 한 교회로 발걸음을 옮겼고, 그곳 성가대에서 노래하고 있던 한 청년을 발견했습니다. 그는 환하면서도 엄숙하고, 거룩하면서도 인자한 인상을 지닌 인물로, 예수님의 이미지에 꼭 맞는 모델이었습니다.

세월이 흘러 유다의 얼굴을 그릴 차례가 되었을 때, 다빈치는 적절한 모델을 찾지 못해 고민하다가 감옥을 찾았습니다. 그곳에서 그는 교활하고 절망에 찬 얼굴을 가진 한 죄수를 발견했고, 그의 얼굴에 유다의 이미지가 떠올랐습니다요 12:6. 모델이 되어달라는 요청에 죄수는 흔쾌히 응했습니다. 스케치를 마친 후, 다빈치가 그에게 다가가 인사를 하자 죄수는 어깨를 떨며 흐느끼기 시작했습니다. "저는 2년 전, 예수님의 얼굴 모델이 되었던 사람입니다." 로마로 공부하러 떠났던 그는 그릇된 친구들과 어울리며 방탕한 삶에 빠졌고, 결국 범죄로 감옥에 갇히게 된 것이었습니다.

우리의 삶은 날마다 어떤 얼굴을 담아내는가에 따라 그 방향이 결정됩니다. 말씀에 따라 살아가는 삶은 결국 예수님의 얼굴을 닮아가게 합니다.

**묵상** 매일의 삶 속에서 예수님을 닮아가기 위해, 내가 실천할 수 있는 믿음의 태도와 선택은 무엇이 있을지 함께 나누어 봅시다.

성막형기도지수
체크 리스트

# Tabernacle Prayer Quotient Check List

## 당신의 성막형기도지수TPQ는?

아래의 문항을 읽고 나에게 해당하는 것을 체크해 보세요. ☑

① 진설병 기도의 성경적 의미에 대하여 이해한다.

② 진설병의 기도가 매일의 삶 속에서 승리하도록 하는 근원임을 믿는다.

③ 진설병의 기도를 통해 헌신을 결단할 수 있다.

④ 진설병의 기도를 통해 말씀의 능력을 체험한다.

⑤ 진설병의 기도를 통해 날마다 믿음을 새롭게 한다.

**나에게 해당하는 문항은 몇 개인가요? ______ 개**

체크하지 못한 문항의 내용을 다시 점검하고,
앞으로 이를 적용할 수 있는 방법을 생각해 봅시다.

# 성경과의 만남

출애굽기 25장 23절에서 30절까지 읽어보십시오.

23 너는 조각목으로 상을 만들되 길이는 두 규빗, 너비는 한 규빗, 높이는 한 규빗 반이 되
게 하고 24 순금으로 싸고 주위에 금 테를 두르고 25 그 주위에 손바닥 넓이만한 턱을 만
들고 그 턱 주위에 금으로 테를 만들고 26 그것을 위하여 금 고리 넷을 만들어 그 네 발 위
네 모퉁이에 달되 27 턱 곁에 붙이라 이는 상을 멜 채를 꿸 곳이며 28 또 조각목으로 그 채
를 만들고 금으로 싸라 상을 이것으로 멜 것이니라 29 너는 대접과 숟가락과 병과 붓는
잔을 만들되 순금으로 만들며 30 상 위에 진설병을 두어 항상 내 앞에 있게 할지니라

1. 진설병 상이 중요한 이유는 무엇입니까? 23-30절

2. 진설병 상과 기물들을 순금으로 만든 이유는 무엇일까요? 24-29절

3. 진설병 상의 네 발 모퉁이에 금 고리 넷을 만든 이유는 무엇입니까? 26-28절

4. 하나님께 열두 개의 떡을 드리는 것은 무엇을 상징합니까? cf. 레 24:5-9; 민 4:7

5. 진설병을 항상 하나님 앞에 두는 이유는 무엇입니까? 30절

# 진설병의 기도 : 말씀의 능력

진설병의 기도는 말씀의 능력을 상징합니다. 진설상은 떡을 놓는 상을 뜻하며, 금으로 만들었기 때문에 금상이라고도 합니다. 이는 한자로는 베풀 진陳에 베풀 설設이 합쳐진 단어로서 제사에 음식을 차려놓은 상이라는 뜻입니다. 떡이란 하나님께 드리는 예물인 동시에 하나님으로부터 부여받은 생명을 유지하기 위한 양식이기도 합니다. 그래서 진설병은 육체뿐만 아니라 영혼을 위한 양식인 하나님의 말씀과 그 의미가 연결됩니다.

즉 오늘날의 교회에 적용하면, 예배 시 강대상 위에 올려진 성경이 바로 생명의 떡이며, 강대상 자체가 진설상에 해당한다고 할 수 있습니다. 하나님의 말씀인 성경을 중심에 두고 예배를 드리며, 그 말씀을 통해 하나님과 교제하고 생명을 얻는 자리가 바로 현대의 진설상인 강대상 앞의 예배입니다. 이처럼 진설상은 하나님께 드려지는 예배와 말씀의 중심적 상징으로 연결됩니다. 강대상에서 선포되는 말씀은 우리 시대의 진설병이며, 그 앞에서 우리는 하나님의 은혜를 누리고 예배자로 서게 됩니다.

## 1. 진설상의 구성

### 1) 진설상 본체

진설상, 즉 떡을 놓는 상의 본체는 가로 2규빗, 세로 1규빗, 높이 1.5규빗의 크기로 제작되었고, 상 전체는 순금으로 덮였습니다출 25:23-24. 이는 금박을 입힌 것을 뜻하며, 진설상 사방에도 금테가 둘러졌습니다. 네 개의 상다리 위쪽에는 네 개의 금고리를 만들어 붙였는데, 이는 진설상의 이동을 위해 두 개의 채를 끼우기 위함입니다출 25:26-27.

진설상에 놓인 진설병에 대해서는 레위기에 보다 상세히 기록되어 있습니다. 고운 가루로 만든 열두 개의 떡을 굽되, 각 덩이는 십분의 이 에바로 하여 진설상 위에 두 줄로 한 줄에 여섯 개씩 진설하고, 정결한 유향을 각 줄 위에 두어 기념물로 여호와야훼께 '화제'를 드렸습니다레 24:5-9. 여기서 '화제'로 번역된 히브리어는 '이쉐אִשֶּׁה'로, '음식 봉헌물'이라는 의미를 지닙니다. 이 떡은 결코 불태우지 않고 일주일 동안 진설상 위에 놓았다가 안식일마다 새 떡으로 교체하였습니다. 이 열두 개의 떡은 이스라엘 열두 지파를 상징합니다.

## 2) 진설상의 부품들

지성소 안에는 진설상, 등잔대, 그리고 금향단이 놓여 있었으며, 이 모든 성구는 브살렐이 제작하였습니다. 제사장들은 대제사장의 지시 아래 이 비품들을 철저히 관리했습니다. 특히 진설상 위에 놓는 대접, 숟가락, 병과 붓는 잔 등의 용기들은 히브리어 원어에서는 모두 복수로 되어 있기 때문에 최소한 각각 두 개 이상씩이 만들어졌습니다출 25:29.

대접은 떡을 담는 그릇으로서 열두 개의 떡을 담아야 하므로 열두 개가 제작되었을 것이고, 숟가락이란 손바닥처럼 생긴 작은 종지를 뜻합니다. 랍비들은 두 줄 위에 정결한 유향을 두었다는 성경 구절에 근거하여 두 개의 종지에 유향을 담았다고 생각합니다레 24:7. 병과 잔은 두 개씩 양쪽의 여섯 개씩 배열된 떡을 위해 두 세트가 준비되었을 것입니다.

**Q** 진설상 위에 늘어놓은 열두 개의 떡이 오늘날 나의 삶에서 의미하는 바는 무엇입니까?

## 2. 진설상 위의 떡의 의미

### 1) 하나님의 임재

진설상 위에 놓인 떡, 즉 진설병은 성경에서 다양한 명칭으로 불립니다. 진설병출 25:30, 항상 진설하는 떡민 4:7, 거룩한 떡삼상 21:6, 진설하는 떡대상 9:32 등으로 불리는 이 떡은 단순한 음식이 아니라, 거룩하고 특별한 목적을 지닌 예배의 상징물임을 보여줍니다.

진설병을 지칭하는 히브리어는 '레헴 파님לֶחֶם פָּנִים'이며, 문자적으로는 '얼굴의 떡'이라는 뜻입니다. 일부 랍비들은 그 떡 덩어리들에 여호와야훼 하나님의 얼굴이 새겨져 있었다고 주장하지만, 하나님께서 하나님의 어떤 형상도 금지하시기 때문에 그러한 주장을 받아들이기는 어렵습니다출 20:4; 신 5:8. 얼굴이 함께 있다는 히브리어 단어는 당사자가 그곳에 함께 있음을 의미하는 전형적인 표현이므로, 얼굴의 떡이 의미하는 바는 떡상 앞에 하나님께서 임재해 계신다는 의미입니다.

그러므로 진설병은 '임재의 떡'이라고 불릴 수 있으며, 떡이 항상 진설상 위에 놓여 있다는 사실은 하나님께서 늘 백성들과 함께 계신다는 메시지를 상징합니다. 이는 신약에 이르러 예수님께서 "나는 생명의 떡이니"요 6:35라고 선포하신 말씀 속에서 성취됩니다.

### 2) 말씀을 통한 교제

진설병을 늘어 놓은 진설상은 기본적으로 하나님과의 교제를 의미합니다. 진설상과 떡은 믿음의 백성들을 지탱하는 양식을 뜻하며, 그 양식은 다름 아닌 하나님의 말씀입니다. 말씀이 육신이 되어 우리 가운데 거하시는 예수 그리스도는 살아있는 하나님의 말씀입니다요 1:14.

예배자는 하나님의 말씀을 통해 하나님의 뜻을 깨닫고, 하나님과 교제의 단계로 들어갑니다. 하나님과 교제하며 하나님과 동행하는 사람은 하나님의 사랑을 통해 이웃과도 교제하며 사랑을 나눕니다마 22:37-40; 눅 10:27.

신약의 백성들은 주님의 상 주위에서 한 몸의 지체로서 둘러 모여 떡을 떼고 잔을 들며 그리스도의 은혜를 기념합니다고전 11:23-29. 이는 단순한 의식이 아니라 그리스도 안에서 하나 된 공동체로서 하나님과의 교제, 그리고 서로 간의 사랑과 연합을 확인하는 거룩한 시간입니다.

---

**Q** 내가 하나님 앞에 내어놓을 수 있는 떡에는 어떤 것이 있습니까?

## 3. 진설병 기도의 실제

### 1) 생명의 떡

진설병 기도는 하나님의 약속의 말씀을 따라 기도하므로 우리 삶의 필요를 채워줍니다. 예수님은 자신이 생명의 떡이므로 그리스도께 오는 자는 결코 주리지도, 영원히 목마르지도 않는다고 말씀하셨습니다요 6:35, 48. 진설상 위의 떡은 제사장들의 일상적인 양식이 되었고, 제사장들은 진설상 주위에서 하나님을 경배하며 날마다 하나님과 교제했습니다. 그들의 성소 생활은 제단에서 드린 희생제물의 피 덕분에 가능했습니다.

애굽에서 고생하던 이스라엘 백성들은 유월절을 맞아 어린양의 피를 집 좌우 문설주와 안방에 바른 덕분에 열 번째 재앙을 면했습니다출 12:1-14. 신약의 백성들 역시 흠 없고 점 없는 어린양 같은 그리스도의 보배로운 피를 통해 대속을 받고 하나님께 예배하는 삶을 살 수 있습니다벧전 1:19. 또한 진설병의 기도를 통해 일상의 필요를 채우는 풍성한 삶을 살게 됩니다.

### 2) 진설병과 예배

진설병의 기도는 우리의 시선을 하나님께로 돌리는 예배자의 삶으로 인도합니다. 이스라엘 백성들이 애굽에서 나오던 때의 유월절 밤에 그들은 허리띠를 띠고 발에 신을 신은 채로 손에는 지팡이를 잡고 유월절 어린양을 먹었습니다출 12:11. 성막의 진설병도 하나님의 명령이 떨어지면 언제든지 순종해서 떠날 준비를 해야 함을 시사합니다. 성막 안에 별도의 의자가 없었기 때문에 제사장들은 서서 하나님을 섬겼을 것입니다.

오늘날의 성도들도 마찬가지입니다. 언제라도 그리스도께서 재림하셔서 오라 하시면 이에 화답하여 세상을 떠나야 하기 때문입니다계 22:17. 그러므로 이 세상의 쾌락과 즐거움에 마음을 빼앗길 틈이 없으며, 이 세상의 것에 마음을 두지 않습니다. 그러한 마음이 바로 예배자의 마음이요, 하나님께서 원하시는 마음입니다. 진설병 기도를 드리는 성도는 세상의 필요를 채우는 것에 그치지 않고, 하나님의 뜻대로 살아갑니다.

---

**Q** 매주 진설병을 관리하던 제사장의 모습을 바라볼 때에 나는 나의 삶을 거룩하게 가꾸어 가는데 어떠한 교훈을 얻을 수 있을까요? (레 24:5-9)

# TABERNACLE PRAYER SCHOOL

## 적용을 위한 다짐과 실천

① 지난 한 주간 동안 나에게 베푸신 하나님의 은혜에 대하여 나누어 봅시다.

② 지금까지 '진설병의 기도 : 말씀의 능력'에 대해 공부했습니다. 오늘 공부에서 느끼고 깨달은 바를 함께 나누어 봅시다 sharing time.

③ 내가 오늘 구하는 떡은 어떤 종류의 것입니까?

④ 생명의 떡이신 예수님을 향해 어떤 마음가짐을 가져야 할까요?

⑤ 일용할 양식을 주시는 하나님의 은혜에 대하여 감사한 마음을 나누어 봅시다.

**오늘의 과제** 성막형기도를 하기 전에 믿음으로 결단한 기도 제목을 적어 봅시다.

## 암송 구절

"또 여호와야훼를 기뻐하라
그가 네 마음의 소원을 네게 이루어 주시리로다"
시편 37:4

"Take delight in the LORD,
and he will give you the desires of your heart."
Psalms 37:4

## 성막형기도 선포문

나는 진설병의 기도를 통해
날마다 감사하는 삶을 살 것입니다!

## 묵상 명언

기도는 우리의 매일의 일과이며 습관이며 사명이다.
**찰스 스펄전** Charles Haddon Spurgeon

Tabernacle

06

# 향단의 기도: 경배와 감사

rayer School

# 06 향단의 기도 : 경배와 감사

영국 역사에서 전해지는 가장 오래된 전설 중 하나는, 바이킹 출신으로 덴마크의 왕이자 영국을 다스렸던 크누트 왕Canute의 일화입니다. 신하들은 그에게 "왕의 말 한마디로 되지 않은 것은 이 세상에 아무 것도 없습니다"라고 아첨하며 크누트 왕을 부추겨 올렸습니다. 어느 날 왕은 자신의 왕좌를 해변에 옮기라고 명령한 후 신하들에게 질문했습니다. "모든 것들이 내게 복종하는가?" 신하들은 대답했습니다. "세계가 당신 앞에 굴복하고 당신께 경의를 표합니다." 크누트 왕은 이어서 물었습니다. "바다도 내게 복종하는가?" 신하들은 당황했지만 "바다도 왕에게 복종할 것입니다"라고 대답했습니다.

바닷가에 놓인 왕좌에서 왕은 파도를 향해 명령했습니다. "바다여, 정지하라! 파도여, 멈추어라!" 여러 번 명령했지만 물결은 사정없이 밀려들어 왕좌의 절반까지 들어왔고, 결국 파도에 밀려 왕은 왕좌에서 떨어지고 말았습니다. 크누트 왕은 신하들에게 "너희 모두는 똑똑히 보았느냐? 나는 아무것도 아니다. 전능한 왕은 오직 한 분뿐이다. 바다를 지배하고 대양을 손아래 두는 이는 오직 그 분뿐이다. 다른 누구보다 너희들이 마땅히 칭찬하고 섬겨할 이는 바로 그 분이다"라고 말했습니다. 야만인 바이킹 출신의 왕으로서 기독교로 개종한 크누트는 신하들의 아첨을 전능하신 하나님을 향한 영광으로 바꾸어 놓은 것입니다.

**묵상** 진정한 예배와 감사를 드리기 위해 우리는 어떤 마음과 자세로 하나님 앞에 서야 할지 함께 나누어 봅시다.

성막형기도지수
체크 리스트

# Tabernacle Prayer Quotient Check List

## 당신의 성막형기도지수TPQ는?

아래의 문항을 읽고 나에게 해당하는 것을 체크해 보세요. ☑

① 나의 향단 기도의 동기는 하나님 앞에 온전하다.

② 향단의 기도를 통해 하나님을 온전히 경배한다.

③ 향단의 기도는 하나님을 향한 감사의 마음을 새롭게 한다.

④ 향단의 기도를 위하여 마음의 자세에 대하여 숙지하고 있다.

⑤ 향단의 기도의 집중을 위한 시간 관리의 방법을 이해한다.

**나에게 해당하는 문항은 몇 개인가요? ______ 개**

체크하지 못한 문항의 내용을 다시 점검하고,
앞으로 이를 적용할 수 있는 방법을 생각해 봅시다.

# 성경과의 만남

출애굽기 30장 1절에서 10절까지 읽어보십시오.

1 너는 분향할 제단을 만들지니 곧 조각목으로 만들되 2 길이가 한 규빗, 너비가 한 규빗
으로 네모가 반듯하게 하고 높이는 두 규빗으로 하며 그 뿔을 그것과 이어지게 하고 3 제
단 상면과 전후 좌우 면과 뿔을 순금으로 싸고 주위에 금 테를 두를지며 4 금 테 아래 양
쪽에 금 고리 둘을 만들되 곧 그 양쪽에 만들지니 이는 제단을 메는 채를 꿸 곳이며 5 그
채를 조각목으로 만들고 금으로 싸고 6 그 제단을 증거궤 위 속죄소 맞은편 곧 증거궤 앞
에 있는 휘장 밖에 두라 그 속죄소는 내가 너와 만날 곳이며 7 아론이 아침마다 그 위에
향기로운 향을 사르되 등불을 손질할 때에 사를지며 8 또 저녁 때 등불을 켤 때에 사를지
니 이 향은 너희가 대대로 여호와야훼 앞에 끊지 못할지며 9 너희는 그 위에 다른 향을 사
르지 말며 번제나 소제를 드리지 말며 전제의 술을 붓지 말며 10 아론이 일 년에 한 번씩
이 향단 뿔을 위하여 속죄하되 속죄제의 피로 일 년에 한 번씩 대대로 속죄할지니라 이
제단은 여호와야훼께 지극히 거룩하니라

1. 분향단의 크기가 번제단보다 작은 이유는 무엇일까요? 1-2절

2. 향을 끊지 않는 것이 상징하는 바는 무엇입니까? 8절

3. 다른 향을 금하는 이유는 무엇입니까? 9절

4. 속죄일의 의미는 무엇입니까? 10절; cf. 레 16:18-19

5. 대제사장의 기도는 예수 그리스도를 통해 어떻게 대체되었습니까? cf. 히 9:7

# 향단의 기도 : 경배와 감사

향단의 기도는 경배와 감사를 상징합니다. 성경에서 향은 모든 성도의 기도를 의미합니다계 8:3. 대제사장이신 예수님은 하나님 앞에서 우리의 기도와 마음의 중심을 예물로 하나님께 드립니다. 우리의 기도인 향이 하나님 앞에서 타오르고, 그리스도께서 우리를 위하여 직접 중보의 기도를 드리기 때문에 오늘도 우리는 하나님의 은혜 안에 거하는 것입니다.

유향은 하나님께만 드리는 향이므로 이스라엘 백성들 중에서 냄새를 맡기 위하여 동일한 향을 만드는 사람은 백성 중에서 끊어지기까지 했습니다출 30:38. 따라서 기도는 하나님께만 드리는 것이어야 하며, 영광 또한 오직 하나님께만 돌려야 합니다. 예수님께서는 '서로에게서 영광을 구하며, 오직 하나님께로부터 오는 영광은 구하지 아니하는 자'를 책망하셨습니다요 5:44. 이는 사람을 높이고, 서로 영광을 취하는 태도는 온전한 신앙인의 모습이 아님을 경고하신 말씀입니다. 온전한 그리스도인은 자신을 드러내기보다 하나님께만 집중하며, 기도와 영광 모두를 하나님께 드리는 겸손한 신앙인입니다.

## 1. 향단의 구성과 위치

### 1) 향단의 구성

향단은 성막 안 성소에 놓인 기구로, 하나님께 향을 드리는 제사의 중심 도구였습니다. 향단의 본체는 조각목으로 틀을 짠 뒤에 순금으로 입혀 가로와 세로가 각각 1규빗, 높이는 2규빗이 됩니다출 30:1-3. 순금으로 싸고 금테를 주위에 둘렀기 때문에 아름다운 모습이었고, 높이가 1m가 채 되지 않기 때문에 제사장이 분향을 하기에 적합했을 것입니다. 향단 상단에 있는 네 개의 뿔들도 모두 금을 입혔고, 아래쪽에는 이동을 위해 금고리 둘이 달렸습니다출 30:3-4. 향단 자체의 크기가 그리 크지 않았기 때문에 제사장 두 명이 충분히 어려움 없이 옮길 수 있었을 것입니다.

향단의 위치 또한 매우 중요합니다. 향단은 지성소 바로 앞의 증거궤 위 속죄소 맞은편, 즉 증거궤 앞에 있는 휘장에 두었습니다출 30:6. 이처럼 향단은 하나님과의 직접적 교제의 장소였으며, 제사장이 백성을 대신하여 하나님께 기도와 향을 올리는 거룩한 자리였습니다.

## 2) 분향의 방법

대제사장 아론이 매일 아침과 저녁에 분향을 했습니다출 30:7. 이른 아침 동이 틀 때에 등잔대의 등을 청소하고, 심지를 갈아 향을 태웠고, 저녁에 한 번 더 향을 살랐습니다출 30:8. 분향은 대제사장의 직무일 뿐만 아니라 대제사장의 책임과 특권이기도 합니다. 성경은 곳곳에서 제사장들이 분향하는 장면을 묘사하며 제사장의 분향하는 특권에 대하여 소개합니다레 10:1-2; 대하 26:18; 눅 1:8-9.

대제사장은 그러한 특권을 바탕으로 뜰의 동물 제사와 지성소의 제사를 총괄했습니다. 향은 아침과 저녁으로 태웠기 때문에 성소 안은 24시간 내내 지극히 향기로운 향으로 채워져 있었을 것입니다. 특별히 분향이 지성소 휘장 바로 앞에서 드려졌다는 것은 언약궤의 그룹 사이에 좌정하신 하나님께 끊임없이 최고의 향을 피워 올렸다는 의미입니다. 하나님은 그 향을 기쁘게 흠향하셨습니다.

**Q** 제사장이 분향할 때에 백성들은 무엇을 했습니까? (눅 1:8-10)

## 2. 분향의 준비

### 1) 향의 조건

향단에서는 합법적으로 제조된 향 이외에 어떠한 향도 금지되었고, 뜰에서 드리는 모든 제물의 반입도 허용되지 않았습니다. 뜰에서 소제의 밀가루 한 움큼 위에 작은 유향 한 덩어리를 얹어 태웠는데, 이 유향도 향단에서는 금지되었습니다레 2:1-2. 향단에서는 오직 하나님께서 모세에게 명령하신 방법대로 소합향과 나감향과 풍자향의 향품에 유향을 섞은 후에 소금을 쳐서 성결하게 하여 곱게 찧어 회막 안 증거궤 앞에 둔 향만을 사용했습니다출 30:34-37.

소합향은 유향처럼 끈적끈적한 나무의 진액을 체취하여 제조하며, 나감향은 향기 나는 조개껍질을 빻은 것입니다. 풍자향은 페룰라Ferula라는 미나리과 식물에서 체취한 강한 향을 내뿜는 끈적끈적한 액체로서 당시 진통제와 해독제로 사용되었고, 강한 살균력을 지녔기 때문에 방부제로도 사용되었습니다. 이같은 향의 조건은 우리의 기도가 인간적인 뜻이 아니라 하늘 아버지의 뜻대로 드려져야 함을 시사하는 것입니다마 6:9-13.

### 2) 속죄일에 향단에 뿌린 피

유대력으로 음력 7월 10일에 해당하는 매년 속죄일에는 대제사장이 속죄제 제물로 드려진 짐승의 피를 손가락에 찍어 향단 뿔에 바르고 향단 주변에는 손가락에 묻힌 피를 일곱 차례 뿌렸습니다출 30:10; 레 4:5-7, 16-18, 16:15-16. 그렇게 하여 향단의 뿔을 속죄했는데, 그 뿔들은 제단을 대표하는 상징으로 사용되었기 때문입니다.

사물의 도드라진 부분에 때가 많이 타는 것처럼, 제단을 대표하는 부위인 향단의 뿔은 더럽혀지기 십상입니다. 성경에는 인간이 심각하게 부정하게 되어 죄를 지으면 성전이 더럽혀진다는 개념이 자주 나타나는데레 15:31, 20:3; 민 19:13; 고전 3:16-17, 그러한 맥락에서 제단을 대표하는 뿔들의 속죄는 제단의 청소는 물론 제사를 드리는 인간의 속죄를 의미합니다.

---

**Q** 예배자가 거룩하게 구별되어야 하는 이유는 무엇입니까? (출 30:26-30)

## 3. 향단 기도의 실제

### 1) 성도의 기도

하나님께 드리는 향연은 매일 하나님께 올리는 경건한 성도들의 기도입니다계 5:8, 8:3-4. 헬라어로 기도는 '프로슈코마이προσεύχομαι'인데, 이는 '숨'이라는 뜻을 내포합니다. 따라서 기도는 성도의 호흡이므로 쉬지 말고 계속해야 하는 것입니다살전 5:17. 호흡이 끊기면 육체의 죽음을 맞이하는 것처럼 영적인 호흡이 끊기면 영적으로 죽게 되기 때문입니다.

개인의 경우와 마찬가지로 교회 공동체도 기도가 끊기면 무너집니다. 그러므로 기도는 나 자신만을 위한 것이 아니라 공동체를 위해서도 드려야 하는 것이며, 인간적인 나의 뜻이 아니라 성령 안에서 깨어서 하나님의 뜻을 먼저 구하며 드려야 합니다엡 6:18; 유 1:20. 성령으로 기도하지 않으면 형식적인 기도, 습관적인 기도, 의례적인 종교 행위로 전락하기 십상이며, 그러한 기도는 응답받지 못하기 때문입니다약 4:3.

### 2) 경배와 감사

하나님께서 가장 기뻐하실 때는 당신의 백성들이 하나님만을 찬양하며, 경배와 감사를 드릴 때입니다. 그렇게 하나님만 경배하며 감사를 올리는 이에게 하나님은 독수리가 날개치며 올라감과 같은 새 힘을 주셔서 뛰어가도 곤비하지 않고 걸어가도 피곤하지 않을 것입니다사 40:31. 경배는 하나님과 함께하는 시간의 기초가 됩니다. 우리는 종종 예배의 형식에 너무 익숙한 나머지 하나님께 가볍게 다가갑니다. 하지만 전능하신 하나님의 위대하심과 하나님께서 그리스도 안에서 행하신 구속의 은혜 덕분에 우리가 담대히 하나님께 나아갈 수 있다는 점을 상기한다면 우리는 마땅히 겸손한 모습으로 경배를 드려야 함을 깨달을 것입니다.

이 세상에는 무너진 부분이 많으며 우리는 그러한 부분들을 하나님께서 고쳐주시기를 바랍니다. 그러한 마음과 함께 그리스도인인 우리는 종종 감사가 불평을 막는 최선의 방법임을 알고 있습니다. 일상의 삶 속에서 하나님의 존재와 하나님께서 행하신 일로 인해 그분께 감사하는 특별한 시간을 갖는 것은 매우 중요합니다. 죄악된 세상에서 때때로 부서지고 깨어진 심령은 하나님의 은혜로우신 말씀을 듣는 데 큰 방해가 될 수 있습니다출 6:9. 하지만 감사의 기도를 통해 우리는 하나님의 선하심을 기억할 수 있고, 근심하는 자 같으나 항상 기뻐할 수 있는 것입니다고후 6:10.

**Q** 기도할 때에 낙심하지 말아야 한다는 예수님의 말씀이 의미하는 바는 무엇인지 묵상해 봅시다. (눅 18:1)

# TABERNACLE
# PRAYER SCHOOL

# 적용을 위한 다짐과 실천

① 지난 한 주간 동안 나에게 베푸신 하나님의 은혜에 대하여 나누어 봅시다.

② 지금까지 '향단의 기도 : 경배와 감사'에 대해 공부했습니다. 오늘 공부에서 느끼고 깨달은 바를 함께 나누어 봅시다 sharing time.

③ 내가 지금 거룩한 제사장으로서 누리고 있는 특권에는 무엇이 있습니까?

④ 감사로 기도할 때에 요구되는 중요한 마음가짐에는 어떤 것들이 있습니까?

⑤ 하나님께 온전히 경배하는 성막형기도의 지혜로운 방법에 대하여 생각해 봅시다.

**오늘의 과제** 하나님께 대한 경배란 어떤 것인지 한 문장으로 정의해 봅시다.

## 암송 구절

"너희가 내 안에 거하고 내 말이 너희 안에 거하면
무엇이든지 원하는 대로 구하라 그리하면 이루리라"

요한복음 15:7

"If you remain in me and my words remain in you,
ask whatever you wish, and it will be done for you."

John 15:7

## 성막형기도 선포문

나는 향단의 기도를 통해
날마다 믿음 안에서 성장할 것입니다!

## 묵상 명언

기도란 그리스도의 능력을 붙잡는 손이다.

**죠지 뮬러** George Müller

# Tabernacle

07

# 언약궤의 기도: 예수님의 기도

rayer School

# 07 언약궤의 기도 : 예수님의 기도

『믿음은 반드시 이긴다』라는 저서를 쓴 꽃동산교회의 김종준 목사는 시골에서 초등학교를 다니다가 가난과 어려움을 피해 무작정 서울로 상경했습니다. 구두닦기부터 시작해 고난과 절망의 시간을 지나며 믿음을 지켰고, 결국 주의 종이 되었습니다. 그는 어린 시절 예수님을 믿는 것이 얼마나 중요한지를 깨닫고 주일학교 교육에 집중했습니다. 그 결과 꽃동산교회는 어린이 5천 명, 장년 6천 명이 출석하는 다음 세대 중심의 교회로 성장했으며, 전 세계에 약 50여 개의 학교와 유치원을 세웠습니다.

그는 이렇게 고백합니다. “열악한 환경에서 성장했지만 탈선하지 않고 목회자로 살아갈 수 있었던 것은 어린 시절 신앙의 힘 덕분입니다. 절망적인 상황에서도 사람이나 환경이 아닌 주님만 바라보았기 때문입니다. 그러므로 어린이들에게 복음을 전하는 일은 매우 중요합니다. 세상의 죄악에 물들기 전에 예수님의 붉은 피로 물들여야 합니다.”

자극적인 미디어와 세속적 가치관이 가득한 시대, 어린이들의 믿음을 세우는 일은 성인을 전도하는 것보다 더 효과적이며, 이러한 통찰은 기도를 통해 주어지는 것입니다. 기도는 시대를 관통하는 하나님의 원리를 깨닫게 하는 통로입니다.

**묵상** 하나님의 언약을 기억하며 다음 세대를 위한 기도를 드릴 때, 어떤 마음과 시선을 가져야 할지 함께 나누어 봅시다.

성막형기도지수
체크 리스트

# Tabernacle Prayer Quotient Check List

## 당신의 성막형기도지수TPQ는?

아래의 문항을 읽고 나에게 해당하는 것을 체크해 보세요. ☑

① 예수 그리스도의 이름으로 기도할 때 하나님의 은혜와 영광이 임함을 믿는다.

② 언약궤의 기도를 통해 하나님께서 개인적인 기도에 응답하심을 믿는다.

③ 언약궤의 기도를 통해 하나님께서 교회 공동체에 은혜를 허락하심을 믿는다.

④ 언약궤의 기도를 통해 하나님께서 나라와 민족의 문제를 해결해 주심을 믿는다.

⑤ 언약궤의 기도를 통해 영적인 성숙을 경험하였다.

**나에게 해당하는 문항은 몇 개인가요? ______ 개**

체크하지 못한 문항의 내용을 다시 점검하고,
앞으로 이를 적용할 수 있는 방법을 생각해 봅시다.

# 성경과의 만남

출애굽기 25장 10절에서 16절까지 읽어보십시오.

10 그들은 조각목으로 궤를 짜되 길이는 두 규빗 반, 너비는 한 규빗 반, 높이는 한 규빗 반
이 되게 하고 11 너는 순금으로 그것을 싸되 그 안팎을 싸고 위쪽 가장자리로 돌아가며 금
테를 두르고 12 금 고리 넷을 부어 만들어 그 네 발에 달되 이쪽에 두 고리 저쪽에 두 고리
를 달며 13 조각목으로 채를 만들어 금으로 싸고 14 그 채를 궤 양쪽 고리에 꿰어서 궤를
메게 하며 15 채를 궤의 고리에 꿴 대로 두고 빼내지 말지며 16 내가 네게 줄 증거판을 궤
속에 둘지며

1. 언약궤의 의미는 무엇입니까? 10절; cf. 대상 28:2

2. 언약궤를 만들 때에 필요한 마음은 무엇입니까? 10-14절; cf. 출 36:1, 37:1

3. 언약궤와 십자가는 어떤 의미에서 연결됩니까? 16절; cf. 삼상 4-6

4. 언약궤 속에 둔 증거판은 어떤 의미를 갖습니까? 16절

5. 언약궤가 가장 중요한 성막의 기물 중에 하나는 이유는 무엇입니까? 10-16절; cf. 민 10:33; 수 4:9-11; 삼상 6:10-15

# 언약궤의 기도 : 예수님의 기도

언약궤의 기도는 예수님의 기도를 예표합니다. 언약궤는 성막과 성전 안 지성소에 놓인 가장 거룩한 성물로, 하나님의 임재와 영광을 상징합니다. 언약궤 안에 놓인 세 가지 성물은 광야길을 걷는 이스라엘 백성들에게 주신 하나님의 은혜와 그들이 지은 죄를 상징합니다.

언약궤의 뚜껑인 속죄소에 어린양의 피, 즉 예수 그리스도의 보혈이 부어질 때, 율법의 저주와 심판으로부터 구원받고 하나님을 만날 수 있습니다행 13:37-39; 갈 3:10-11. 우리 모두 율법 아래서는 누구도 의롭다 함을 얻을 수 없지만, 속죄소 위에 부어진 어린양의 피, 곧 예수님의 보혈로 우리는 하나님 앞에 의롭다 함을 얻게 되었고, 하나님을 직접 만날 수 있는 은혜의 자리로 나아갈 수 있게 되었습니다.

## 1. 언약궤 내용물의 의미

### 1) 만나

언약궤 안에 있는 만나는 하나님께서 당신의 백성들을 얼마나 사랑하셔서 은혜를 베푸셨는가를 나타내는 동시에 그러한 은혜 앞에서 오히려 하나님께 원망과 불평을 늘어놓은 인간의 죄성을 폭로하는 징표입니다. 이스라엘 백성들은 출애굽 이후 광야에서 처음 만나를 맛보았을 때 그것은 깟씨 같이 희고 그 맛이 마치 꿀 섞은 과자와 같았다고 감탄하며 하나님을 찬양했습니다출 16:31. 그러나 시간이 흐르며 그들은 만나 외에 보이는 것이 아무 것도 없다고 불평하며 마침내 만나를 '이 하찮은 음식'이라고 말하며 그것을 싫어하는 지경에 이르렀습니다민 21:5.

하지만 하나님은 단순히 이스라엘 백성의 끼니를 해결해 주시기 위해 만나를 주신 것이 아니라, 매일 주시는 만나를 통해 "사람이 떡으로만 사는 것이 아니요 여호와야훼의 입에서 나오는 모든 말씀으로 사는 줄을 네가 알게 하려 하심이니라"신 8:3는 교훈을 주시기 위함이었습니다. 먼저 하나님의 나라와 그 의를 구하면 필요한 모든 것을 더하시겠다고 약속하신 예수님은마 6:33 이스라엘 백성들이 만나를 먹고도 결국 죽었지만 하늘에서 내려온 살아 있는 떡인 자신을 믿는 자는 영원히 살 것이라고 말씀하셨습니다요 6:48-58.

### 2) 아론의 싹난 지팡이

하나님께서 모세와 아론을 이스라엘 백성의 지도자로 세우셨지만 고라와 다단과 아비람, 온이 당을 짓고 족장 250명과 함께 하나님을 거스르며 일어났습니다민 16:1-3. 하나님은 아론의 권위를 세우시기 위해 당신께서 택하신 아론의 이름을 쓴 지팡이에만 싹이 나게 하셨는데, 이튿날 아론의 지팡이에서는 움이 돋고 순이 나고 꽃이 피어서 살구 열매가 열렸습니다민 17:3-8. 이어서 하나님은 고라의 일당을 지진으로 심판하셨고, 모세와 아론을 원망하던 백성들은 염병으로 인해 1만 4천 7백명이나 죽음을 당했습니다민 16:41-50.

예수님 당시에도 종교 지도자들인 바리새인 서기관과 제사장들이 메시아로 오신 예수님을 대적하고 그 자리를 대신 차지하려 했습니다. 오늘날에도 그리스도의 왕 되심을 인정하지 않고, 만왕의 왕으로 오실 예수님을 대적하고 스스로 왕이 되려는 이단 세력들이 있습니다. 그들은 하나님께서 세우신 모세와 아론과 같은 지도자들을 대적했던 고라의 일당과 같이 무섭고 준엄한 심판을 받고 멸망의 길을 가게 될 것입니다. 그러므로 아론의 싹난 지팡이는 하나님의 기름부으신 지도자를 대적하는 자들에게 내려지는 심판이 무엇인지를 보여주는 상징입니다.

### 3) 증거판

애굽 땅에서 나온 이스라엘 백성들을 시내산으로 인도하신 하나님은 그들에게 십계명으로 대표되는 율법의 말씀을 주시며, 그 언약을 지켜 행할 때 그들이 모든 민족 중에서 하나님의 소유가 되고, 하나님께 대하여는 제사장 나라가 되며, 거룩한 백성이 될 것이라고 약속하셨습니다출 19:5-6.

그러나 모세가 시내산에서 하나님의 언약이 새겨진 두 개의 돌판을 받아 내려오던 그때, 산 아래에 남아 있던 이스라엘 백성들은 아론과 함께 금송아지 우상을 만들어 놓고 그것을 섬기며 하나님을 진노하게 했습니다. 하나님께서 친히 말씀하신 십계명의 첫 번째 계명은 "너는 나 외에는 다른 신들을 네게 두지 말라"이며, 두 번째 계명은 "너를 위하여 새긴 우상을 만들지 말고"출 20:3-4입니다.

하지만 이스라엘 백성들은 이처럼 분명히 주어진 계명을 정면으로 어기고, 금송아지를 만들어 섬겼을 뿐 아니라 그 앞에서 춤추며 뛰놀고 제사를 드리기까지 했던 것입니다. 그 모습을 보고 크게 격노한 모세는, 시내산에서 받은 하나님의 언약이 새겨진 돌판을 그들 앞에서 던져 깨뜨려 버렸습니다출 32:19.

언약궤 안에 간직된 십계명은, 바로 이 사건 이후 하나님께서 다시 주신 두 번째 돌판으로서 이스라엘 백성들이 저지른 우상숭배의 죄를 기억하게 하는 증거가 되었습니다. 하나님은 모세에게, 하나님의 모든 말씀과 율례를 기록한 이 돌판을 언약궤 안에 넣으라고 명령하셨습니다출 25:21. 이는 이스라엘 백성의 패역함과 목이 곧은 교만을 끊임없이 상기시키며, 그로 인해 더욱 하나님의 말씀을 바라보도록 하기 위한 하나님의 의도였습니다 신 31:24-27.

따라서 언약궤 안에 보관된 십계명의 증거판은, 하나님의 계명에 순종할 때는 특별한 은총을 입지만, 불순종할 경우에는 하나님의 준엄한 심판이 임한다는 사실을 상징적으로 보여줍니다. 또한 이 증거판은, 이스라엘 백성이 지키지 못하고 파기했던 언약의 역사를 되새기게 함으로써, 오늘을 살아가는 그리스도인들이 하나님의 계명 앞에서 믿음을 새롭게 세우도록 이끌어 줍니다.

---

**Q** 모세가 하나님께 받은 십계명이 담긴 비석을 가지고 시내산에서 내려왔을 때 백성들의 모습은 어떠했습니까? (출 32:19-20)

## 2. 언약궤 기도의 실제

### 1) 전능하신 하나님의 은혜가 임함

기도는 유한한 피조물인 인간이 무한하신 창조주 하나님 앞에 나아가는 행위입니다. 죄로 인해 타락한 인간이 거룩하시고 전능하신 하나님 앞에 담대히 나아간다는 것 자체가 은혜이며, 기도는 하나님의 품 속으로 들어가는 믿음의 행위입니다. 우리는 완전하지 않고 죄로 얼룩진 존재이지만, 기도를 통해 하나님의 은혜와 능력을 경험할 수 있습니다. 우리가 구하기 전에 하나님은 우리에게 있어야 할 것을 다 아시지만 마 6:8, 인간의 교만한 죄성은 우리가 구하지 않은 것을 받을 때에 그것이 하나님께서 주신 것이라고 생각하지 않기 때문에 우리는 기도 제목을 가지고 기도해야 합니다.

특히 성막형기도를 드릴 때에는, 하나님을 전능하신 분으로 믿고, 인간의 한계 안에 하나님을 가두려는 태도를 내려놓아야 합니다. 따라서 성막형기도 할 때에는 인간적인 경험과 일반적인 상식선에서 그 결과를 제한할 것이 아니라 전능하신 하나님을 믿고 모든 필요를 아뢰며 전적으로 의지할 때, 하나님의 은혜가 임하고 기도 가운데 역사하시는 하나님의 능력을 경험할 수 있습니다.

### 2) 그리스도의 구원이 임함

성막의 언약궤 안에 있는 세 가지 성물 중 하나인 아론의 싹난 지팡이는 특별한 의미를 담고 있습니다. 민수기 17장 5절에서 하나님께서는 "내가 택한 자의 지팡이에는 싹이 나리니"라고 말씀하셨습니다. 이 사건은 하나님께서 자신이 세우신 사람을 명확히 드러내시고, 그를 통해 생명의 역사를 이루신다는 상징이었습니다. 말라버린 막대기에서 싹이 나고, 순이 나며 꽃이 핀 것은 하나님의 선택과 생명력의 은혜를 보여주는 기적이었습니다. 그러한 하나님의 은혜는 신약의 백성에게는 예수님을 믿고, 그 이름을 부르는 자에게 구원이 임하는 선물로 부여됩니다롬 10:13. 하지만 구원의 선물은 단순히 개인의 구원에 국한된 것이 아니라 다른 사람들을 유익하게 하는 열매 맺는 풍성한 삶으로 연결됩니다. 아론의 지팡이에 움이 돋고 순이 나고 꽃이 핀 것처럼, 예수님을 믿는 사람의 영혼이 살아날 뿐만 아니라 열매 맺는 삶으로 확장되는 것입니다요 6:63.

### 3) 성령의 능력이 임함

여호와야훼 하나님은 이스라엘 백성들을 향해 금식하고 울며 애통하고 마음을 다하여 하나님께로 돌아오라고 촉구하셨고욜 2:12, 시온에서 나팔을 불어 거룩한 금식일을 정하고 성회를 소집하라고 말씀하셨습니다욜 2:15. 그 때에 하나님은 당신의 백성을 불쌍히 여기시고 이른 비와 늦은 비와 같이 때에 맞는 필요를 채워주시며, 성령을 만민에게 부어주셔서 자녀들이 장래 일을 말하고, 늙은이는 꿈을 꾸며, 젊은이는 이상을 볼 것이고, 궁극적으로 여호와야훼 하나님의 이름을 부르는 모든 이들에게 구원을 베풀어 주실 것입니다욜 2:18-32.

---

**Q** 언약궤의 기도의 능력은 어떤 경우에 나타났나요? 그 능력이 온전히 발휘되도록 하기 위해 필요한 것은 무엇일까요? (막 9:14-29)

# TABERNACLE PRAYER SCHOOL

# 적용을 위한 다짐과 실천

① 지난 한 주간 동안 나에게 베푸신 하나님의 은혜에 대하여 나누어 봅시다.

② 지금까지 '언약궤의 기도 : 예수님의 기도'에 대해 공부했습니다. 오늘 공부에서 느끼고 깨달은 바를 함께 나누어 봅시다 sharing time.

③ 예수 그리스도의 이름으로 기도하는 언약궤의 기도의 능력은 어디에서 올까요?

④ 언약궤 안의 내용물이 현대적 의미에 대하여 생각해 봅시다.

⑤ 언약궤의 기도의 응답을 기다리며 불안과 염려가 임할 때 이를 이길 수 있는 방법에 대하여 생각해 봅시다.

**오늘의 과제** 언약궤의 기도가 응답받기 위해 필요한 마음의 자세에 대하여 생각해 봅시다.

## 암송 구절

"진실로 다시 너희에게 이르노니
너희 중의 두 사람이 땅에서 합심하여 무엇이든지 구하면
하늘에 계신 내 아버지께서 그들을 위하여 이루게 하시리라"

마태복음 18:19

"Again, truly I tell you
that if two of you on earth agree about anything they ask for,
it will be done for them by my Father in heaven."

Matthew 18:19

## 성막형기도 선포문

나는 하나님께서 언약궤의 기도를 통해 나를 만나주시고,
응답해 주시는 좋으신 하나님이심을 믿습니다!

## 묵상 명언

내가 일하면 단순히 내가 일하는 것이지만,
내가 기도하면 하나님께서 일하신다.

**패트릭 존스톤** Patrick Johnston

# Tabernacle

# 08

# 속죄소의 기도: 간구의 기도

rayer School

# 08 속죄소의 기도 : 간구의 기도

덴마크의 실존주의 철학자 키에르케고르Søren Aabye Kierkegaard가 남긴 오리에 담긴 일화는 그리스도인의 기도에 대해 시사하는 바가 큽니다.

어느 마을에 오리들이 살고 있었습니다. 주일이 되면 오리들은 교회로 모였습니다. 오리 목사는 단상에 올라 이렇게 설교했습니다. "하나님이 우리에게 날개를 주셨습니다. 우리는 날 수 있습니다. 독수리만 나는 것이 아닙니다. 우리의 날개는 하나님이 주신 것입니다. 그 어떤 울타리도 우리를 가둘 수 없습니다."

오리들은 열광하며 "아멘!"을 외쳤습니다. 감격하며 예배를 드린 오리들은, 그러나 예배가 끝난 뒤 언제나처럼 뒤뚱뒤뚱 걸어서 집으로 돌아갔습니다. 날개가 있다는 진리를 알고 감동했지만, 아무도 날지 않았습니다.

만일 날고 싶다면, 높은 곳에 올라 뛰어내리는 훈련을 반복해야 날 수 있는 날이 올 것입니다. 변화의 가능성을 깨달았어도 행동하지 않으면 변화는 일어나지 않습니다. 날개가 있다는 사실만으로는 날 수 없습니다. 그리스도인의 기도도 마찬가지입니다. 말씀에 대한 깨달음이 임해도 믿음으로 쉬지 않고 기도하지 않으면 결코 응답을 경험할 수 없습니다.

새로운 소망이 마음에 심기어졌다면, 그에 따른 기도의 결단과 지속적인 실천이 필요합니다. 하나님과의 관계를 회복하고 친밀함을 누리는 길은 날개처럼 우리에게 주어진 기도의 능력을 실제로 펼칠 때 시작됩니다.

**묵상** 속죄소의 기도간구의 기도를 통해 하나님의 임재와 친밀함을 회복한 경험을 나누어 봅시다.

성막형기도지수
체크 리스트

# Tabernacle Prayer Quotient Check List

## 당신의 성막형기도지수TPQ는?

아래의 문항을 읽고 나에게 해당하는 것을 체크해 보세요.

① 속죄소의 기도를 위한 기도 제목을 정리하고 있다.

② 속죄소의 기도를 통해 하나님과 동행하는 삶을 살고 있다.

③ 속죄소의 기도를 통해 자기의와 교만을 경계한다.

④ 속죄소의 기도에 응답하시는 하나님을 찬양한다.

⑤ 속죄소의 기도는 능력있는 신앙생활의 근원임을 믿는다.

나에게 해당하는 문항은 몇 개인가요? _____ 개

체크하지 못한 문항의 내용을 다시 점검하고,
앞으로 이를 적용할 수 있는 방법을 생각해 봅시다.

# 성경과의 만남

출애굽기 25장 17절에서 22절까지 읽어보십시오.

[17] 순금으로 속죄소를 만들되 길이는 두 규빗 반, 너비는 한 규빗 반이 되게 하고 [18] 금으
로 그룹 둘을 속죄소 두 끝에 쳐서 만들되 [19] 한 그룹은 이 끝에, 또 한 그룹은 저 끝에 곧
속죄소 두 끝에 속죄소와 한 덩이로 연결할지며 [20] 그룹들은 그 날개를 높이 펴서 그 날
개로 속죄소를 덮으며 그 얼굴을 서로 대하여 속죄소를 향하게 하고 [21] 속죄소를 궤 위에
얹고 내가 네게 줄 증거판을 궤 속에 넣으라 [22] 거기서 내가 너와 만나고 속죄소 위 곧 증
거궤 위에 있는 두 그룹 사이에서 내가 이스라엘 자손을 위하여 네게 명령할 모든 일을
네게 이르리라

1. 속죄소는 무엇을 지칭합니까? 17절

2. 속죄소와 그룹 둘을 정금으로 둘러 싸는 이유는 무엇입니까? 18-19절

3. 덮는다는 것은 무엇을 뜻합니까? 20절

4. 속죄소의 기능적 의미는 무엇입니까? 21-22절

5. 증거판을 담은 궤를 그룹들이 지킨다는 것의 의미는 무엇입니까? 22절

# 속죄소의 기도 : 간구의 기도

속죄소의 기도는 간구의 기도를 의미합니다. 언약궤가 하나님의 율법과 심판을 상징한다면 속죄소는 율법의 저주와 심판을 가리는 은혜를 상징합니다. 언약궤가 놓인 지성소에는 일년에 한 번 대속죄일에 대제사장만이 들어갈 수 있었습니다히 13:11. 대제사장이 언약궤가 있는 지성소에 들어갈 때는 속죄양의 피를 그릇에 담아 가지고 가서 피를 속죄소에 부어 율법의 저주와 심판을 가려야 비로소 죽지 않고 하나님을 만날 수 있었습니다. 속죄소에 부은 어린양의 피는 예수님의 보혈을 상징하고 있습니다. 십자가에서 흘리신 예수 그리스도의 피가 우리를 율법의 저주와 심판으로부터 구원하는 것입니다. 대제사장이 어린양의 피를 가지고 은혜의 보좌인 속죄소에 들어갔던 것처럼, 오늘날 모든 사람은 예수 그리스도의 보혈을 의지해서 하나님이 계시는 은혜의 보좌에 나아갈 수 있습니다.

## 1. 속죄소의 이해

### 1) 속죄소의 명칭

속죄소는 히브리어로 '카포레트כַּפֹּרֶת'이며, 이는 '속죄하다'는 뜻의 동사 '카파르כָּפַר'에서 유래한 명칭입니다. 카포레트는 문자 그대로 '덮개'를 의미하며, 언약궤 위를 덮는 뚜껑이 바로 이 속죄소입니다. 속죄소 위에는 속죄소를 덮은 그룹 둘이 있었는데, 그들은 날개로 이를 덮어서 인간의 죄악에서 하나님의 거룩하심을 보호함을 상징하는 동시에 인간의 죄를 덮으셔서 사하시는 하나님의 은혜를 나타냅니다. 구약성경을 헬라어로 번역한 70인역에서 속죄소는 은혜의 보좌를 뜻하는 '시은좌'라고 불렸는데, 이는 은혜의 하나님이 임재하시는 보좌라는 뜻입니다히 4:16. 속죄소는 언약궤의 뚜껑으로 죄를 가리는 역할을 했습니다. 그 뚜껑을 인간이 열면 안되는데, 뚜껑이 열리면 죄가 드러나 심판을 받을 수밖에 없기 때문입니다.

### 2) 속죄소의 의미

속죄소는 하나님께 범죄한 이스라엘 백성들의 죄에 대한 속죄를 담당하는 기능을 수행합니다. 예배의 가장 중요한 목적 중 하나는 예배자의 속죄입니다. 사실 언약궤 위의 속죄소에 속죄를 위하여 피가 뿌려지는 것은 1년에 단 한 번, 대속죄일에 대제사장에 의해 행해지는 일입니다. 번제단에서 제물을 드려 불로 사르는 것도 속죄를 위한 행위이지만, 보다 근본적인 속죄는 속죄소 위에 피를 붓는 행위입니다. 이러한 속죄는 예수 그리스도의 십자가 대속으로 인해 성전의 휘장이 갈라지며 완성되었습니다. 예수님께서 지성소로 들어가셔서 단번에 완전한 속죄를 이루신 것입니다. 그러므로 우리가 해야 할 일은 그저 그 긍휼하심을 받고 때를 따라 돕는 은혜를 얻기 위하여 은혜의 보좌 앞에 담대히 나아가는 것뿐입니다히 4:16.

---

**Q** 속죄를 통해 드러난 하나님의 의는 어떤 속성을 지닙니까? (롬 3:25)

## 2. 간구의 기도

### 1) 기도의 원리

아담과 하와의 타락 이후 모든 인류는 다 양과 같아서 그릇 행하기 때문에사 53:6 의인은 하나도 없고 깨닫는 자도 없고 하나님을 찾는 자도 없고 다 치우쳐 함께 무익하게 되고 선을 행하는 자는 하나도 없는 지경에 이르렀습니다롬 3:10-12. 그러므로 거룩하시고 의로우신 하나님께 우리는 열납될 수 없지만 예수 그리스도의 십자가 보혈의 공로로 말미암아 감히 하나님 앞에 나아가 기도할 수 있는 것입니다. 그러므로 우리가 하나님께 드리는 기도는 우리를 대속하신 예수 그리스도의 이름으로만 드려야 합니다. 속죄소의 모든 기능 역시 십자가 위에서 물과 피를 다 쏟으신 예수 그리스도의 죽음을 통한 속죄에 집중되어 있습니다. 마찬가지로 우리가 오늘날 하나님께 드리는 기도는 갈보리 십자가의 대속의 보혈, 즉 속죄에만 근거합니다.

### 2) 기도의 응답

예수 그리스도의 이름으로 간구하는 기도는 반드시 응답을 얻습니다. 이는 예수님께서 죄와 사망의 권세를 이기시고 부활하셨기 때문입니다마 28:1-10; 막 16:1-8; 눅 24:1-12; 요 20:1-18; 고전 15:26. 그러므로 그리스도 예수 안에 있는 믿음의 사람에게는 결코 정죄함이 없는데, 이는 그리스도 예수 안에 있는 생명의 성령의 법이 죄와 사망의 법에서 그 사람을 해방했기 때문입니다롬 8:1-2. 성전의 휘장을 찢으며 죽으신 예수님은 무덤에서 부활하셨습니다. 부활하신 예수님 옆에 있던 흰옷 입은 두 천사는 언약궤를 둘러싼 두 그룹을 연상시킵니다요 20:12. 예수 그리스도는 진정한 성전으로 이 땅에 오셨고요 2:19-21, 그 성전과 연합한 사람은 이제 함께 지어져 가는 성전이 됩니다엡

2:21-22. 그러므로 성전은 더 이상 건물이 아니라 사람을 뜻하기 때문에 거룩하게 구별되도록 가야 합니다고전 3:16-17; 고후 6:16.

**Q** 간구하는 기도가 응답받지 못하는 이유는 무엇일까요? (약 4:3)

## 3. 속죄소 기도의 실제

### 1) 승리의 하나님을 체험

출애굽기는 바로의 국고성 비돔과 라암셋을 건축하는 이야기로 시작해서출 1:11-14 하나님의 성막을 완성하는 이야기로 끝이 납니다출 40:16-17. 바로의 집을 위해 속박된 노예로서 강제로 노역에 동원되었던 이스라엘 백성이 해방된 자유민으로서 하나님의 집을 위해 자발적으로 노역에 참여하는 아름다운 모습으로 마무리된 것입니다. 사실상 성막의 형태와 구조, 크기는 고대 근동 지역에서 독특한 것이 아니었습니다. 특히 애굽의 사령관의 막사는 고대 근동의 신전들과 유사하게 마당, 접견실, 내실로 구분되었는데, 가장 안쪽의 내실은 신으로 추앙되어 총사령관의 역할을 수행한 애굽 왕 바로를 모신 방이었습니다. 애굽의 군용 막사를 차용한 성막은 이스라엘 백성을 광야에서 인도하시고 전쟁에서 승리케 하신 총사령관이 바로 하나님이심을 일깨워줍니다. 우리는 광야의 성막과 이후 건축된 솔로몬 성전은 지상에 일시적으로 머무르는 그림자에 불과하다는 사실을 잊어서는 안됩니다.

### 2) 작은 성막에 임하시는 영광

성막은 고대 근동의 신전들에 비하여 크기가 매우 작았습니다. 성막은 후대의 성전에 비하여 훨씬 작았고, 그마저도 천막 예배당에 불과했습니다. 그럼에도 불구하고 하나님은 성막 안에 거하셨습니다. 성막의 영광은 성령의 감동, 백성들의 헌신적인 참여, 하나님의 임재 가운데 임했습니다.

첫째, 성막은 금송아지 사건 이후 모세가 다시 시내산에 십계명을 받으러 올라가서 40일간 금식하는 동안 이스라엘 백성들도 자숙하고 회개했을 때 성령께서 감동을 주셔서 공사가 시작되었습니다출 35:21-29. 둘째, 이스라엘 백성들은 성령이 충만히 임한 결과로 헌신적으로 성막 건축에 필요한 귀금속과 재료를 드렸고출 25:2-9, 아무리 가난하고 어려워도 모든 장정이 반 세겔의 은을 드렸습니다출 38:26. 셋째, 가장 결정적으로 성막 자체가 아니라 하나님의 임재가 성막의 영광을 가져온 근원입니다. 성막에 임했던 하나님의 임재를 나타낸 구름기둥과 불기둥은 후일 솔로몬의 성전 봉헌식에도 동일하게 나타났습니다대하 5:13-14. 그러므로 교회의 규모, 예배당의 크기가 아니라 하나님께서 임재하시는 참된 예배의 장소는 모두 하나님의 영광이 가득한 성막이 되는 것입니다.

---

**Q** 속죄소의 기도를 드릴 때 임재하시는 하나님께서 주시는 은혜는 무엇입니까? (수 1:9; 시 23:4)

# 적용을 위한 다짐과 실천

① 지난 한 주간 동안 나에게 베푸신 하나님의 은혜에 대하여 나누어 봅시다.

② 지금까지 '속죄소의 기도 : 간구의 기도'에 대해 공부했습니다. 오늘 공부에서 느끼고 깨달은 바를 함께 나누어 봅시다 sharing time.

③ 그리스도의 대속을 일상적인 자범죄에 대한 면죄부로 생각해서는 안되는 이유는 무엇일까요? 히 10:26-31

④ 속죄소의 기도는 어떤 상황에서 드리는 기도입니까? 시 4:1

⑤ 속죄소의 기도를 드릴 때에 필요한 마음가짐은 어떤 것입니까? 빌 4:6-7

**오늘의 과제** 속죄소의 기도의 응답을 위하여 품어야 할 믿음의 자세에 대하여 정리해 봅시다.

## 암송 구절

"그러므로 너희 죄를 서로 고백하며 병이 낫기를 위하여
서로 기도하라 의인의 간구는 역사하는 힘이 큼이니라"

야고보서 5:16

"Therefore confess your sins to each other
and pray for each other so that you may be healed.
The prayer of a righteous person is powerful and effective."

James 5:16

## 성막형기도 선포문

나는 속죄소의 기도의 습관을 통해
하나님과 동행하는 삶을 살 것을 결심합니다!

## 묵상 명언

어려운 환경에서 기도하고 싶은 마음마저 없다면
우리는 짐승만도 못한 사람들이 아닐 수 없다.

**존 칼빈** John Calvin

# 성막형 기도학교

초판 1쇄 발행 | 2025년 7월 1일

지 은 이 | 이영훈
편 집 인 | 김영석
펴 낸 곳 | 세계교회성장연구원

등록번호 | 제 12-177호
주　　소 | 서울시 영등포구 은행로 59, 4층
전　　화 | 02-2036-7936
팩　　스 | 02-2036-7910
쇼 핑 몰 | www.pastor21.net



I S B N | 978-89-8304-370-2 03230

"무슨 일을 하든지 마음을 다하여 주께 하듯 하라" _골로새서 3:23

세계교회성장연구원(CGW, Church Growth Worldwide)은 한국과 세계의 모든 교회가 건강하게 부흥하고 성장하여 하나님께 영광을 돌리는 것을 목표로 목회자들의 영성과 리더십 개발과 평신도들의 영적 성숙을 위한 필독서를 출간한다. 모든 사역의 시작과 끝을 기도로 임하며 하나님 중심의 경영이 되게 한다. "무슨 일을 하든지 마음을 다하여 주께 하듯 하라"는 말씀을 마음에 새겨 하나님이 주신 출판의 사명을 기쁨으로 감당하고 있다.